PRAKTISCH HA

TRAIN
BUIKSPIEREN

PRAKTISCH HANDBOEK

TRAIN JE BUIKSPIEREN

CHRISTOPHER M. NORRIS

DELTAS

Originele titel: *Abdominal Training* (Christopher M. Norris)
Published in 2001 with the title *Abdominal Training* by A&C Black Publishers Limited,
37 Soho Square, London W1D 3QZ. www.acblack.com

Deze uitgave door: Deltas, België-Nederland.
Nederlandse vertaling: Emmy Middelbeek.
Gedrukt in België.

D-MMIX-0001-53
NUR 894

Inhoud

Inleiding

Er zijn heel veel soorten training vandaag de dag, elk met een specifiek doel. Bij de ene is het de bedoeling gewicht kwijt te raken, bij de andere de spieren te versterken, weer anderen hebben tot doel de algehele conditie te verbeteren. De meeste modieuze oefenprogramma's voor buikspiertraining zijn bedoeld om stevig aan het middengedeelte te werken en de spieren te kwellen in de veronderstelling dat daardoor de buik plat of de taille versmald wordt. Dit soort oefeningen wordt vaak gedaan in gymnastiekgroepjes of sportscholen. Deze cursussen hebben het vaak over tot de pijngrens gaan en oppompen. Helaas zijn ze niet geschikt voor mensen met een laag of zelfs gemiddeld conditieniveau; ten eerste omdat ze te veeleisend zijn en ten tweede omdat ze erg belastend zijn voor de onderrug.

Het oefenprogramma in dit boek is heel anders. Het is niet voortgekomen uit sporttraining, maar uit fysiotherapeutische oefeningen, die bedoeld zijn om de wervelkolom te herstellen na letsel. Als zodanig moet het zowel veilig als effectief zijn, en moet het de conditie van de romp opbouwen, die zeer belangrijk is voor het dagelijks leven en niet alleen voor sport.

Hoe de wervelkolom werkt

Overzicht van de wervelkolom

De menselijke wervelkolom of ruggengraat bestaat uit 31 botten. Zo'n bot wordt vertebra of ruggenwervel genoemd, en de ruggenwervels zijn ingedeeld in vijf groepen (*zie* fig. 1). In de nek zitten de vertebrae cervicales, de nek- of halswervels, heel fragiel, maar uiterst beweeglijk, waardoor het mogelijk is het hoofd te draaien. Ter hoogte van de borst liggen de vertebrae thoracicae, de borstwervels, en deze zijn verbonden met de ribben. Lager zitten de vertebrae lumbales, de lendenwervels.

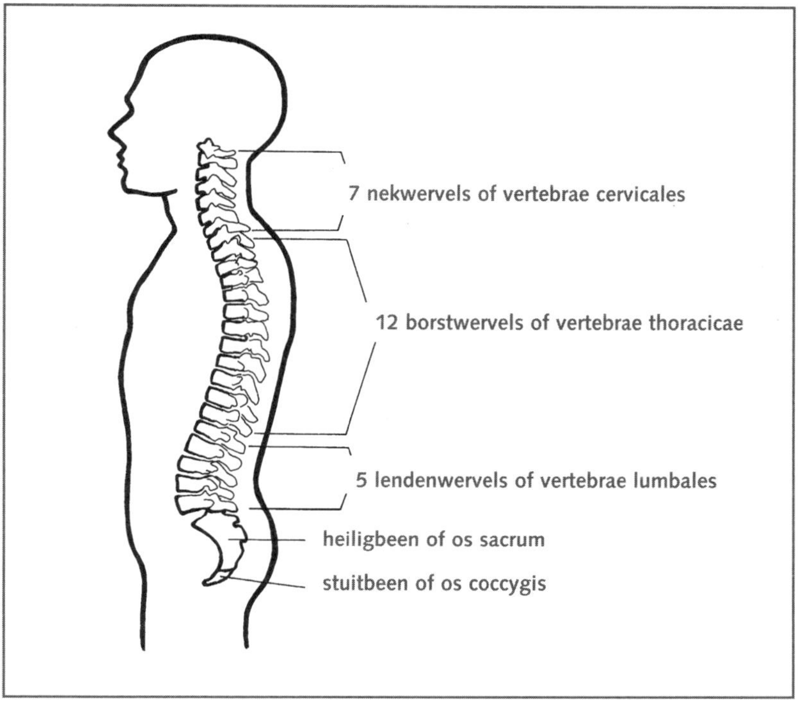

Fig. 1 De wervelkolom

Dit zijn grote, sterke botten die zijn bedekt met krachtige spieren. Onder de lendenwervels liggen de resten van onze staart. Het os sacrum of heiligbeen is een driehoekig bot dat vastzit aan de zijkanten van het bekken, terwijl het os coccygis, het stuit- of staartbeen, de wervelkolom in een dunne punt doet uitlopen.

Krommingen van de wervelkolom

Hoewel de wervels van de wervelkolom boven elkaar staan, is de wervelkolom niet recht. De wervelkolom vormt een 'S'. Er is sprake van twee binnenwaartse krommingen, namelijk onderaan de rug en in de nek, terwijl de borstwervels een beetje naar buiten buigen. Deze krom-

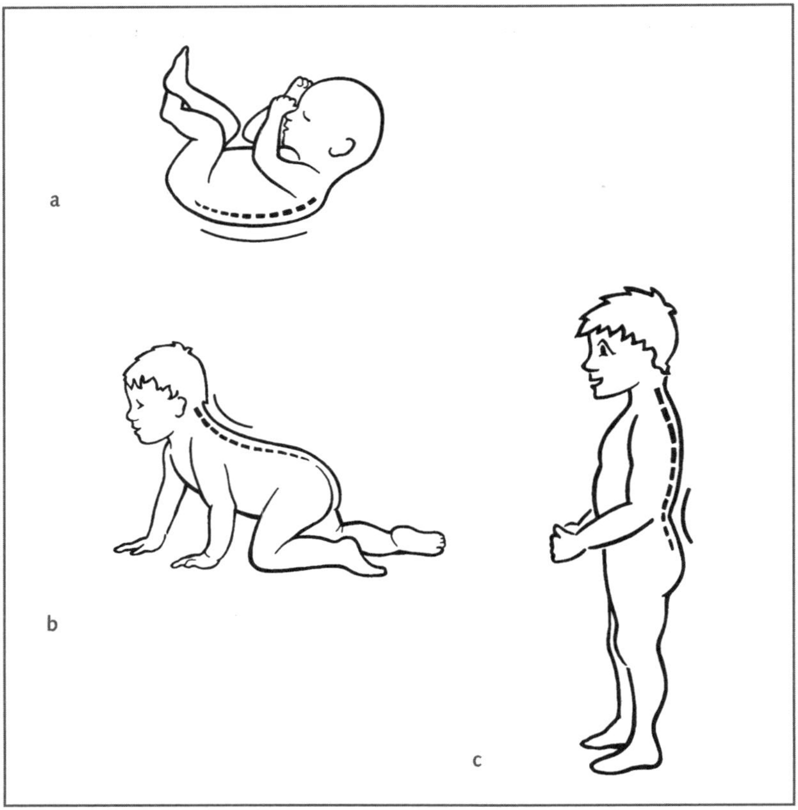

Fig. 2 (a) primaire wervelkolomkromming (b) secundaire nekkromming (c) secundaire lendenkromming

mingen zijn nog niet aanwezig bij de geboorte, maar ontwikkelen zich wel kort daarna.

In de eerste levensjaren is de wervelkolom van een baby rond. Die ronde vorm wordt de primaire wervelkolomkromming (*zie* fig. 2a) genoemd. Als de baby op zijn buikje kan liggen en zijn hoofd optilt, begint bij de hals de vorming van de nekkromming (*zie* fig. 2b). Omdat de kromming van nek en lendenen zich later vormen, worden ze de secundaire wervelkolomkromming genoemd.

Als de wervelkolom helemaal recht zou zijn, zou een groot deel van de schokken tijdens het lopen of springen rechtstreeks naar het hoofd worden overgebracht. Door de krommingen kan de wervelkolom als een soort veer functioneren, waarbij een deel van de schokbeweging wordt opgevangen en waardoor bewegingen veel soepeler kunnen verlopen.

Wanneer de krommingen in de wervelkolom zich ontwikkelen, kan er druk op de wervelkolom komen te staan. Dat kan gebeuren door veranderingen in houding en de manier waarop we werken. Lang achter een bureau of tijdens autoritten stilzitten kan de belangrijke kromming in de lendenwervels veranderen, wat pijn in de lage rug kan veroorzaken.

AANDACHTSPUNT

Het instandhouden van een correcte kromming in de lendenen is belangrijk voor de hele wervelkolom.

De segmenten van de wervelkolom

Elk paar wervels vormt een eenheid die wervelsegment (*zie* fig. 3) genoemd wordt. De twee wervels worden gescheiden door een sponsachtige schijf die vastzit aan het platte deel van het bot. Aan de achterkant van de wervel breidt het bot zich uit tot twee kleine gewrichten, die facetgewrichten genoemd worden. Van bovenaf is te zien dat de achterkant van de wervelkolom een holle boog vormt waar het ruggenmerg doorheen loopt, dat boodschappen van de hersenen naar de benen en armen brengt (*zie* fig. 4).

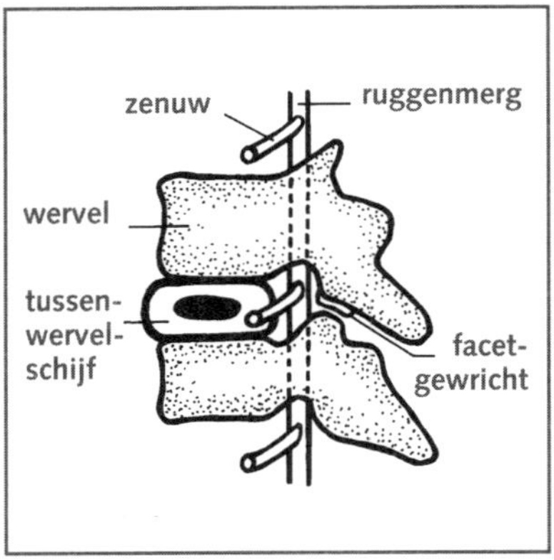

Fig. 3 Wervelsegment

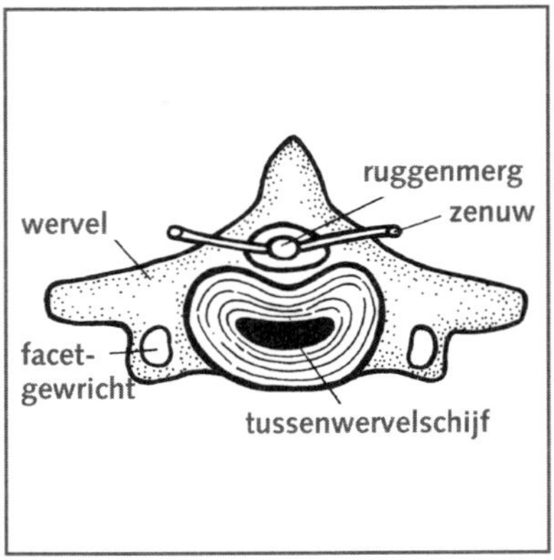

Fig. 4 Dwarsdoorsnede van de wervelkolom

Bindweefselbanden van de wervelkolom

Als we naar voren bukken, worden de gewrichtsbanden achter de wervelkolom gerekt, maar die daarvoor ontspannen zich. Door naar achteren te buigen wordt de situatie omgedraaid: dan strekken zich de voorste gewrichtsbanden en ontspannen zich de gewrichtsbanden die aan de achterkant van de wervelkolom liggen. Doet u een oefening waarbij u voortdurend een gewrichtsband overbelast, dan zal die pijn gaan doen en ontstoken raken. Het kan enige tijd kosten om het zover te laten komen, dus u zult niet meteen pijn voelen, maar de volgende dag hebt u wel regelmatig pijn in de rug. Als dat het geval is, moet u uw trainingsprogramma wijzigen.

Als u regelmatig de wervelkolom buigt, mogelijk omdat uw werk dat vraagt, dan zullen de overbelaste gewrichtsbanden langer worden en de gewrichtsbanden die ontspannen, zullen duidelijk korter worden. Dat is wat er gebeurt bij een slechte houding (*zie* blz. 53-67). Bent u iemand die het grootste deel van de dag in een stoel hangt, dan zullen de gewrichtsbanden van uw wervelkolom veranderen, waardoor het moeilijk voor u wordt om de wervelkolom in de juiste stand te houden als u staat. Om dit te herstellen moet u oefeningen doen om de groepen gewrichtsbanden te corrigeren, en proberen uw houding door de dag heen te corrigeren.

AANDACHTSPUNT

Herhaald bukken werkt overbelastend op de wervelkolom en kan hem beschadigen. Buk dus wat minder of ga door uw knieën!

Zenuwen

Het ruggenmerg bestaat uit duizenden heel kleine zenuwvezels die bij elkaar gebonden zijn, ongeveer zoals in een telefoonkabel. Op dezelfde manier als een telefoonlijn geven de zenuwen elektrische boodschappen door. Als u bijvoorbeeld uw been wilt bewegen, wordt er een elektrische boodschap vanuit de hersenen gezonden. Die gaat via een zenuw in het ruggenmerg naar de spieren in het been en beveelt het been om te bewegen.

Een dergelijke boodschap kan ook in omgekeerde richting gaan. Als u iets warms vastpakt, gaat er een elektrische boodschap van uw hand naar de zenuwen in uw arm en dan naar het deel in de hersenen dat verantwoordelijk is voor het voelen. Op elk moment gaan er duizenden elektrische impulsen heen en weer door de zenuwen in uw lichaam. Als iets deze impulsen blokkeert, veranderen de elektrische boodschappen en kan zowel de beweging als het gevoel daardoor beïnvloed worden. Dat gebeurt als een zenuw wordt bekneld. Die wordt dan samengeperst, ongeveer zoals wanneer je op een tuinslang gaat staan. Als dit gebeurt, kunnen de impulsen voor beweging en gevoel tijdelijk geblokkeerd worden, wat leidt tot een tintelend en verdoofd gevoel, waarbij

AANDACHTSPUNT

Pijn of een gek gevoel in het been kan veroorzaakt worden door rugletsel.

de spieren zich kunnen aanspannen of ontspannen. Die gevoelens kunnen zich voordoen op elke plek in het lichaam waar de zenuw langskomt. Onderin de rug gaat het gevoel vaak via de bil en het been helemaal naar de voet.

Bouw, functie en letsel van de tussenwervelschijf

De tussenwervelschijf is het element dat twee naast elkaar gelegen ruggenwervels van elkaar houdt. De schijf werkt als een schokdemper en voorkomt dat de wervelkolom trilt en schudt als we lopen of hardlopen. Elke tussenwervelschijf heeft een harde buitenkant, waarin een zachte, sponsachtige gelei zit die de nucleus pulposus (*zie* fig. 5) wordt genoemd. Heel belangrijk is dat deze gelei geen directe bloedtoevoer heeft, maar voor zijn gezondheid is aangewezen op beweging. Als de wervelkolom beweegt, wordt er vocht in deze schijfnucleus geperst en worden afvalstoffen eruit gedrukt, waardoor de schijf gezond blijft. Naarmate we ouder worden, begint deze gelei op te drogen en wordt hij brozer. Als dat gebeurt, wordt de wervelkolom stijver en kunt u niet langer de radslag maken zoals u dat in uw jonge jaren wel kon! Door regelmatige lichaamsbeweging echter blijft de tussenwervelschijf langer jong.

Wanneer we kijken naar de tussenwervelschijven van een dertigjarige die niet veel beweegt, en die vergelijken met die van iemand van veertig die wel fit is en veel aan sport doet, zouden de twee schijven

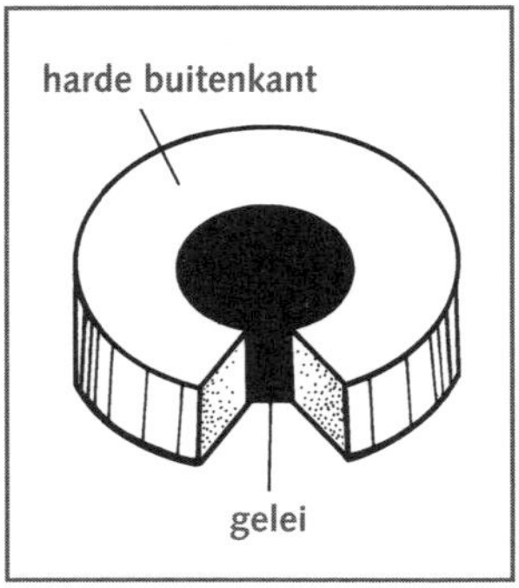

Fig. 5 De bouw van de tussenwervelschijf

AANDACHTSPUNT

De tussenwervelschijven hebben regelmatige beweging nodig om gezond te blijven.

waarschijnlijk geen groot verschil tonen. De tussenwervelschijven van degene die zich fit voelt, zijn namelijk jonger gebleven omdat ze zijn gevoed door regelmatig bewegen.
Als we de wervelkolom bewegen, kantelen de wervels naar voren en naar achteren, en daardoor verandert de druk op de tussenwervelschijven. Daarna wordt de gelei uit de tussenwervelschijven geperst en neemt de druk toe. Omdat we veel vaker naar voren dan naar achteren buigen, verplaatst de gelei in de tussenwervelschijf zich naar achteren, naar de gevoelige zenuwen van de wervelkolom. Als dit gebeurt, komt de pijn opzetten. Aanvankelijk is het een doffe pijn die slechts incidenteel voelbaar is. Als we echter te vaak dezelfde buigbeweging maken, zal de pijn zich regelmatiger doen voelen en sterker worden omdat de tussenwervelschijf langzamerhand meer beschadigd raakt. Na een aantal jaren van herhaaldelijk bukken, kan de gelei in de tussenwervelschijf naar buiten dringen en op een van de gevoelige zenuwen gaan drukken. Als dat gebeurt, is er sprake van een hernia, een bijzonder pijnlijke situatie.

Het is belangrijk om te weten dat hier het *herhaald* bukken, dus steeds weer te veel vergen van de tussenwervelschijf, de boosdoener is. Er zijn meer mensen die rugklachten hebben als gevolg van het buigen van de wervelkolom door in een slechte stoel te hangen of bukken bij het werk, dan van het tillen van iets zwaars.

AANDACHTSPUNT

Herhaald bukken perst de tussenwervelschijf uit. Door de jaren heen stapelt de schade zich op en kan de gelei eruit komen. Dat wordt hernia genoemd.

Het belang van facetgewrichten

De facetgewrichten zijn twee kleine gewrichten aan de onderkant van de wervelkolom. Ze lijken in bouw op de andere gewrichten in het lichaam, in die zin dat ze bedekt zijn met een stevige, leerachtige zak, die het kapsel genoemd wordt. Als we naar voren buigen, opent het facetgewricht zich; als we achterover buigen, sluit het. Het draaien van de wervelkolom leidt ertoe dat de facetgewrichten over elkaar glijden (*zie* fig. 6).

Fig. 6 Beweging van de facetgewrichten: (a) buigen opent de gewrichten, (b) opheffen sluit de gewrichten, (c) draaien doet de gewrichten over elkaar heen schuiven.

Omdat facetgewrichten zo klein zijn, kunnen snelle bewegingen ertoe leiden dat ze te ver bewegen en zo beschadigd raken. Herhaaldelijk vooroverbuigen bij het doen van strekoefeningen kan bijvoorbeeld de leerachtige omkapseling van de facetgewrichten overbelasten, waarbij de wervelkolom slapper wordt dan hij hoort te zijn en dus gevoelig is voor letsel. Door plotseling achteroverbuigen, zoals wel gebeurt bij sommige oefeningen in gewichtheffen, sluit het facetgewricht snel en met een plotselinge schok. Mettertijd kan dit leiden tot voortijdige slijtage van deze gevoelige gewrichten.

AANDACHTSPUNT

Snelle bewegingen kunnen de kleine facetgewrichten aan de onderkant van de wervelkolom steeds weer doen schokken.

Bewegingsomvang

De totale beweging die mogelijk is met elk gewricht wordt de bewegingsomvang genoemd. Normaalgesproken zitten we in het dagelijks leven met onze bewegingen in het midden van deze bewegingsomvang. Dit is de veilige marge, omdat het gewricht niet de kans loopt overbelast te worden en de spieren zich daarbij het prettigst voelen.

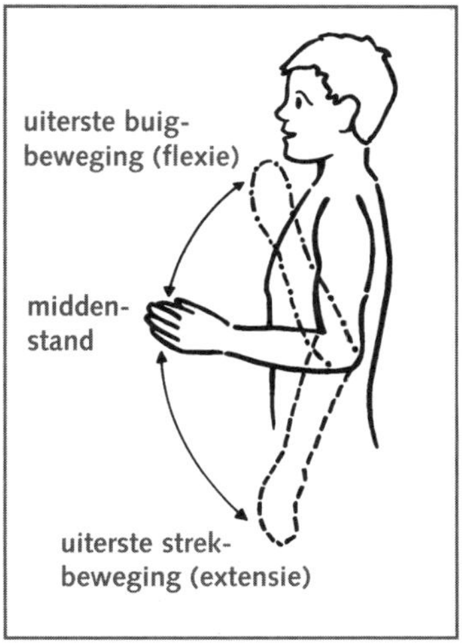

Fig. 7 Scala aan bewegingen

Met elke beweging kan schade ontstaan als het gewricht tot het uiterste wordt bewogen. We noemen dit eindpunt van beweging de eindomvang. Bij lichaamstraining duwen we de gewrichten steeds weer tot het uiterste, waardoor ze kunnen beschadigen. Een veiliger manier is om oefeningen te doen waarbij het merendeel van de bewegingen in het midden van de bewegingsomvang ligt. Op die manier is er een goede veiligheidsmarge (*zie* fig. 7). In ons trainingsprogramma wordt bij bijna alle oefeningen de wervelkolom in de middelste stand gebruikt om letsel te voorkomen.

AANDACHTSPUNT

Oefeningen waarbij de middenstand van een gewricht wordt gebruikt, zijn veiliger dan oefeningen waarbij het gewricht tot het eind van zijn bewegingsomvang moet worden gebracht.

Bewegingen van lendenwervels en bekken

Overmatige beweging in de lendenwervels kan zich voordoen zonder dat we het merken. Als iemand vooroverbuigt om zijn tenen aan te raken of achterover om naar het plafond te kijken, is dat een duidelijke beweging. Er is echter nog een manier waarbij de lendenwervels wat subtieler bewegen.

Het bekken is rechtstreeks verbonden met de lendenwervels (*zie* fig. 8) en balanceert op zijn beurt als een wip op de heupgewrichten. Omdat het balanceert, kan het bekken schuin naar voren en naar achteren kantelen. Wanneer het kantelt, trekt het bekken de wervelkolom mee. Als het bekken naar voren kantelt (*zie* fig. 8a), dan wordt de boog in de lendenwervels groter op een manier die gelijk is aan de achterwaartse beweging in extensie. Als het bekken achterover kantelt (*zie* fig. 8c), wordt de kromming in de lendenwervels afgeplat, en is de beweging in de lendenwervels gelijk aan de flexie of voorwaarts buigen.

Als de beweging van het bekken heel buitensporig is, wordt de wervelkolom op zijn beurt ook helemaal tot het eind van de bewegingsomvang gebruikt, waarbij het weefsel onder spanning komt te staan. Bedenk wel dat hierbij alleen de lendenwervels bewegen. De rest van de wervelkolom blijft vrijwel onveranderd; dus de persoon staat nog altijd overeind.

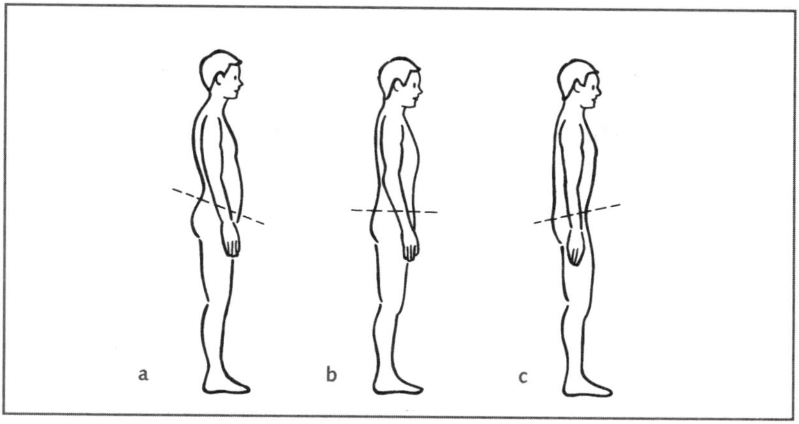

Fig. 8 Bekkenbeweging: (a) voorwaarts kantelen – onderrug hol, (b) normaal – onderrug neutraal, (c) achterwaarts kantelen – onderrug afgeplat

AANDACHTSPUNT

Beweging van het bekken heeft direct effect op de lendenwervels.

De neutrale stand van de lendenwervels

We hebben gezien dat als we de wervelkolom bewegen, de lijn van de wervels en weefsels verandert. Als we vooroverbuigen bijvoorbeeld gaan de facetgewrichten open en het weefsel aan de achterkant van de wervelkolom wordt uitgerekt, terwijl het weefsel aan de voorkant ontspant. Op datzelfde moment neemt de druk binnen de wervelkolom toe. Deze combinatie van druk en rekken kan bij voortdurende herhaling het weefsel van de wervelkolom beschadigen.

Als we daarentegen het weefsel van de wervelkolom op één lijn brengen, zodat de wervelkolom rechtop staat en het lumbale gedeelte juist gekromd is, is het weefsel van de wervelkolom op normale lengte en wordt de druk binnen de tussenwervelschijven minder. We noemen deze normale stand van de wervelkolom de neutrale stand (*zie* fig. 8b). Het is een van de veiligste houdingen voor de wervelkolom, dus beginnen alle oefeningen van ons trainingsprogramma met de wervelkolom in neutrale stand.

Om uw eigen neutrale stand te vinden, gaat u met uw rug tegen de muur staan. Uw achterwerk en schouders moeten de muur raken. Leg uw handpalmen tussen de muur en uw lendenwervels. Probeer uw bekken zo te kantelen dat uw rug afvlakt en kantel uw bekken dan de andere kant op zodat de kom onderaan de rug vergroot wordt. Uw neutrale stand (en die is voor iedereen weer anders) ligt halverwege de vlakke en de holle stand.

U moet uw handpalm net tussen uw rug en de muur kunnen leggen. Kunt u alleen uw vingers ertussen leggen, dan is uw rug te plat. Als u uw hele hand tot de pols ertussen kunt leggen, is uw rug te hol (*zie* blz. 59).

AANDACHTSPUNT

In neutrale stand staat de wervelkolom in de juiste lijn en wordt het rugweefsel op de juiste lengte gehouden.

Rompstabiliteit

Als we de neutrale stand van de wervelkolom kunnen handhaven bij bijvoorbeeld bewegen of tillen, kunnen we de druk van de wervelkolom op het spierweefsel grotendeels verminderen. Dit is een essentieel punt in het idee van rompstabiliteit. Eenvoudig gezegd betekent rompstabiliteit het zo stevig overeind houden van het centrale deel van het lichaam dat de ledematen (armen en benen) een stabiele basis hebben van waaruit ze bewegen. Het idee om een deel stevig vast te houden zodat een ander deel effectiever kan bewegen, is natuurlijk niet nieuw en komt terug in allerlei gewone dagelijkse bezigheden. Als we autorijden, drukken we bijvoorbeeld onze voet op het gaspedaal en verwachten we dat de auto vooruitgaat. Om dat te laten gebeuren, moeten de banden grip hebben op de weg en moet de weg stevig of stabiel zijn. Als de banden in plaats daarvan op ijs staan, draaien de wielen gewoon door en kan de auto de voorwaartse beweging niet maken.

Wisselwerking van elementen van stabiliteit

Rompstabiliteit komt voort uit de interactie tussen drie componenten (*zie* fig. 9). De eerste is de vorm van de botten en de gewrichten. Dit wordt de passieve component genoemd, omdat hij wordt bewogen door spieren of krachten *buiten* het lichaam, zoals zwaar gewicht, maar niet in staat is zichzelf voorwaarts te bewegen. Als de passieve component het laat afweten, dan verliest de romp haar stabiliteit. Een gebroken bot of een verschoven gewricht zal het het lichaam letterlijk onmogelijk maken om te bewegen omdat het lichaamsdeel instabiel is. Hoe we er ook aan duwen of trekken, de pijn en de instabiliteit zullen ons ervan weerhouden om effectief te bewegen. Het lichaam ziet terecht in dat dat schade zal berokkenen en dwingt ons te rusten.

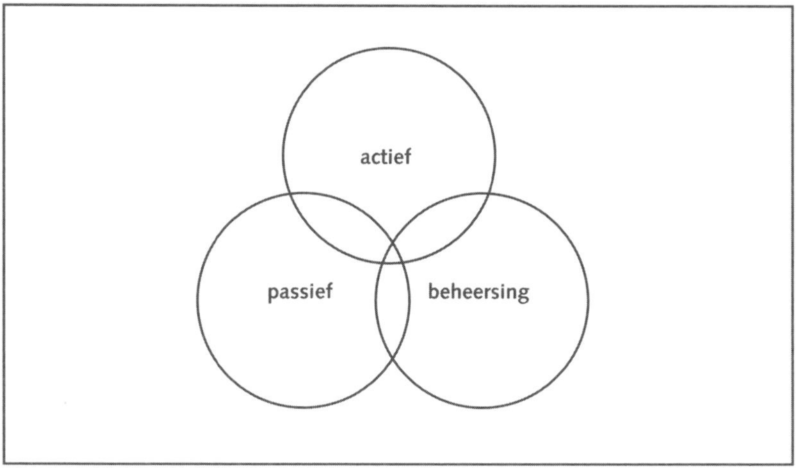

Fig. 9 Interactie tussen lichaamselementen geeft stabiliteit.

De volgende component die bijdraagt tot rompstabiliteit is het actieve stelsel. Dit bestaat uit de spieren, die aan de botten en gewrichten trekken; hetzij om ze te stabiliseren, hetzij om ze te bewegen. Om dit effectief te kunnen bereiken, moeten de spieren voldoende sterk zijn. We illustreren dit met alweer het voorbeeld van het gebroken bot: als we de arm of het been in een gipsverband leggen, zal het bot helen. Het passieve stelsel (botten) wordt dus sterker of stabieler. Als het gips echter weggehaald wordt, zijn alle spieren verzwakt en zijn ze te slap om de arm of het been heel lang te bewegen en te zwak om het stevig te houden (stabiel). Dit is de reden waarom na een fractuur het been vaak doorzakt als we draaien of plotseling van richting veranderen. De passieve stabiliteit (botten) is prima, maar de actieve stabiliteit (spieren) is zwak.

Als de spieren sterk worden, kunnen we ze niet altijd gebruiken omdat ze vermoeid raken, en we willen spieren niet voortdurend spannen. De ideale situatie is dat we in staat zijn de spieren te gebruiken om het lichaam te stabiliseren als we ze nodig hebben en ze te laten rusten als we ze niet nodig hebben. Hier is zuinigheid het sleutelwoord, en dat is het werk van de derde component: beheersing. Dat stelsel werkt doordat hersenen en ruggenmerg controle uitoefenen middels kleine sensoren in de gewrichten en spieren. Die sensoren geven ons informatie over de houding en de beweging van het lichaam, en de spanning en de druk die door het uitvoeren van dagelijkse bezigheden op het lichaam wordt uitgeoefend. Als een gewricht of een lichaamsdeel onder spanning staat, zullen de sensoren dit vaststellen en een boodschap naar de spieren sturen om aan te spannen en dat deel van het lichaam stevig te houden (of te stabiliseren) om de krachten die erop inwerken te weerstaan.

Dit proces van het waarnemen van krachten en de spierreactie is de taak van het controlestelsel. Bij sommige mensen is dit heel goed en loopt het vlekkeloos. Bij een balletdanser kunnen de spieren bijvoorbeeld heel klein zijn, maar omdat de lichaamsbeheersing heel goed is, kan de danser precies de juiste hoeveelheid spieren gebruiken om het lichaam stabiel te houden en elke beweging met uiterste precisie te beheersen. Na een knieletsel kan een rugbyspeler misschien grotere spieren hebben dan een balletdanser, maar door de pijn is de beheersing van het lichaam verdwenen. De spieren trillen als de knie bewogen wordt en de bewegingen zijn dan ook onhandig en onbeheerst uitgevoerd.

In het geval van de lendenwervels, die duidelijk in het midden van het lichaam liggen, bevindt de stabiliteit, die wordt geleverd door de actieve, passieve en controlestelsels, zich in de kern van het lichaam. In dit geval is het actieve stelsel dat van de onderbuik- en lendenspieren (*zie* blz. 27), terwijl het passieve stelsel bestaat uit de wervels, de tussenwervelschijven en de gewrichtsbanden. Het controlesysteem dat deze twee samenvoegt, bestaat uit de zenuwimpulsen in zowel de wervelkolom als de hersenen. De spieren van het actieve substelsel kunnen worden verdeeld in de oppervlakkige spieren van de rechte buikspier en de oppervlakkige schuine spieren, die primair het kerngebied bewegen, en de diepere spieren, de schuine buikspier en de diepe schuine spieren, die voornamelijk *overmatige beweging* van de lichaamskern *verijdelen* en ze stabiliseren.

Voor een effectieve rompstabiliteit is dus een subtiel samenspel tussen de drie stabiliteitsstelsels vereist. De botten en de gewrichten moeten vrijelijk kunnen bewegen, de spieren moeten sterk en soepel zijn, en de lichaamsbeheersing moet goed gecoördineerd zijn. Blijft een van deze stelsels in gebreke, dan zal dat de rompstabiliteit verminderen. Als dit zich echter voordoet, kunnen juist toegepaste oefeningen vaak de andere twee elementen van stabiliteit zo ver versterken dat ze het gemis kunnen compenseren.

Neem artrose als voorbeeld. Daarbij is sprake van slijtage van de gewrichten. Dat kan er vaak toe leiden dat het gewricht minder stabiel is. In deze situatie kan een fysiotherapeut of kinesist een patiënt speciale oefeningen voorschrijven om de spieren die het gewricht steunen te versterken, en de lichaamsbeheersing te verbeteren door gebruik te maken van de juiste bewegingen. De *actieve* en *controle*-elementen van stabiliteit worden daarbij opgebouwd om het *passieve* stelsel dat versleten is, te compenseren. Hoewel de botten hetzelfde blijven, kan de patiënt werkelijk pijnloos bewegen, omdat het lichaam de beschadigde gewrichten en botten heeft gecompenseerd.

Lokale en algemene spieren

We hebben twee soorten spieren die bijdragen aan de rompstabiliteit (*zie* blz. 28). Sommige daarvan liggen dicht bij de kern van het lichaam en worden lokale spieren genoemd. Andere liggen een flink eind bij de kern vandaan en worden algemene spieren genoemd. De *lokale* spieren, dicht bij wervelkolom en bekken, dienen om de wervelkolom nauwelijks voelbaar te bewegen en hem met kleine bewegingen aan te passen zodat de houding correct blijft en de lichaamslijn optimaal is. De algemene spieren daarentegen doen geen fijne aanpassingen aan de stand van de wervelkolom, maar nemen in plaats daarvan wat weg van de beweging waaraan het lichaam is overgeleverd, voordat die beweging de wervelkolom kan beschadigen. Als we bijvoorbeeld opstaan, kunnen grote beenspieren (algemeen) worden gebruikt om kracht te geven voor het opstaan, terwijl het diepe-spierenkorset (lokaal) de neutrale stand van de lendenwervels kan handhaven.

Na een periode van rugpijn haken de lokale spieren vaak af en verliezen kracht (worden lui). Bij beweging raken we de subtiele beweging van de wervelkolom kwijt en rekenen in plaats daarvan op onze grote algemene spieren. We gaan onhandiger en slecht gecoördineerd bewegen en de spieren worden vaak korter, gespannen en pijnlijk. De rug voelt na enig tuinieren bijvoorbeeld stijf en de spieren voelen gespannen als koorden. In plaats dat we de subtiele lokale spieren van de kern van het lichaam gebruiken, hebben we de sterke algemene spieren gebruikt. Die zijn echter te krachtig voor deze taak en raken al snel verkrampt, waardoor ze pijn veroorzaken. Als u dan de fout begaat om te proberen de rug te versterken met zware gewichtstraining, kunnen de algemene spieren (die al zeer stevig zijn) nog verder opgebouwd worden zonder dat de subtiele lokale spieren iets doen, zodat er ten slotte een wanverhouding ontstaat tussen de twee soorten spieren, wat leidt tot nog meer pijn.
De rustige basisbewegingen die in dit boek beschreven staan, zijn bedoeld om het evenwicht in de spieren te herstellen en de rompstabiliteit te verbeteren, doordat ze zich richten op de *lokale* spieren. Zijn die eenmaal versterkt en is de rompstabiliteit verbeterd, dan brengen de oefeningen langzamerhand de *algemene* spieren in werking zodat er totale fitheid van de rug opgebouwd kan worden.

Samenvattend

- De wervelkolom is verdeeld in nekwervels, borstwervels, lendenwervels, heiligbeen en stuitbeen (*zie* blz. 9)
- De wervelkolom vormt een 'S', waardoor hij van nature veerkrachtig is.
- Buigen en strekken van de wervelkolom rekt en ontspant de gewrichtsbanden van de wervelkolom.
- Zenuwen geven elektrische boodschappen door om te kunnen bewegen en voelen.
- Als er een zenuw bekneld zit, kunnen beweging en gevoel veranderen, waarbij verslapping, pijn of een tintelend gevoel ontstaat.
- De tussenwervelschijf bevat een gelei en fungeert als schokdemper.
- Een veilige beweging houdt de tussenwervelschijven gezond, maar te weinig beweging doet in de loop der jaren spanning ontstaan in de tussenwervelschijven.
- De middenstand is het centrale deel van de totale bewegingsmogelijkheid in een gewricht.

- In neutrale stand staat de wervelkolom correct en is het weefsel normaal van lengte.
- De stabiliteit van de rug hangt af van de wisselwerking tussen de diverse elementen van het lichaam: *passieve* (botten), *actieve* (spieren) en *beheersing* (coördinatie).
- Spieren rond de wervelkolom (*lokale spieren*) regelen de subtiele stand van de ruggenwervels. Spieren op enige afstand van de wervelkolom (*algemene spieren*) vangen de krachten op voordat die de wervelkolom bereiken.

De spieren van de romp

De spieren waarmee we ons in dit programma bezighouden, zijn de spieren die rond de romp liggen. Aan de voor- en zijkanten liggen de vier voornaamste buikspieren, aan de achterkant de strekspieren en de musculus multifidus, en aan de onderkant van de romp de bekkenbodemspieren.

In het midden van de onderbuik ligt de rectus abdominis, de rechte buikspier. Deze spier loopt van de lage ribben naar de schaamstreek en vormt daarbij een nauwe band. Ze wordt naar beneden toe geleidelijk aan smaller, van zo'n 15 cm aan de bovenkant tot 8 cm aan de onderkant. De spier heeft drie vezelige banden ter hoogte van de navel, en boven en onder dit punt (*zie* fig. 10a). De rechte buikspier aan elke kant van het lichaam ligt in een schede, de twee schedes worden in de linea alba, de middellijn van het lichaam, in een sterke vezelige band vervlochten. Dit gebied kan splijten gedurende de zwangerschap om het groeiende kind ruimte te geven.

Aan de zijkant van de buik liggen twee diagonale spieren, de diepe schuine buikspier (*zie* fig. 10e) en de oppervlakkige schuine buikspier (*zie* fig. 10d). De diepe schuine buikspier zit vast aan de voorkant van het bekken en een sterke gewrichtsband in dit gebied. Vanaf hier gaat ze omhoog en dwars over de lage ribben in de spierschede, die de rechte buikspier omhult. De oppervlakkige schuine buikspier heeft een gelijkaardige ligging, maar ligt in een hoek op de diepe schuine buikspier. De oppervlakkige schuine buikspier begint bij de laagste acht ribben en loopt naar de schede die de rechte buikspier omhult en naar de sterke gewrichtsbanden van het bekken. De vezels in het midden van de spier lopen diagonaal, maar de spieren die recht op de rand staan, lopen verticaal en assisteren de rechte buikspier in haar werk.

Onder de schuine buikspieren ligt de transversus abdominis, de dwarse buikspier. Die gaat vanaf de bekkenbeenderen en het weefsel dat de wervelkolomspieren bedekt, horizontaal voorwaarts om zich te vervlechten met de peesschede van de rechte buikspier (*zie* fig. 10c). Aan de zij- en achterkant van de romp is ook de quadratus lumborum belangrijk (*zie* fig. 10f). Die spier is gelegen tussen het bekken en de rib-

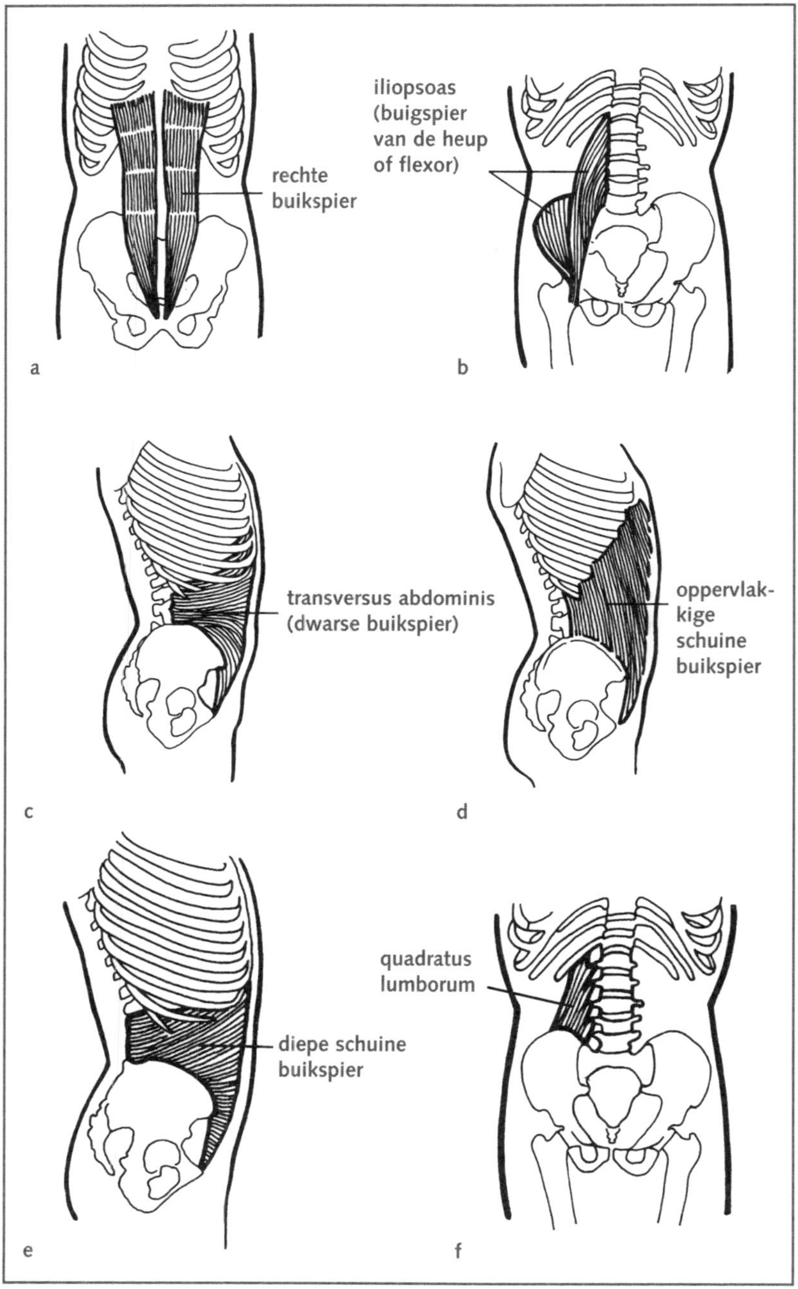

Fig. 10 De spieren van buik en heup

ben en heeft een diep en een oppervlakkig deel. Als we de onderbuikoefeningen doen om de rompstabiliteit te versterken, dan moeten we ons ook bewust zijn van de bekkenbodemspieren. Die zitten vast aan de binnenkant van het bekken en vormen een soort lus die van het stuitbeen (coccyx) naar de achterkant van het schaambeen (kruis) aan de voorkant loopt. De spieren van elke kant van het lichaam komen samen in het midden, en de lichaamsopeningen aan voor- en achterkant (vagina, urinekanaal en anus) zitten binnen de bekkenbodemspieren. Deze openingen worden beheerst door ringen van spieren, die de sluitspieren worden genoemd en die in de bekkenbodem liggen.

Al deze spieren werken samen, en de meeste van deze spieren zullen bij elke beweging waarbij de onderbuik betrokken is, tot op zekere hoogte actief zijn. Bij het rechtop gaan zitten zal de nadruk liggen op het bovenste deel van de rechte buikspier, terwijl bij het kantelen van het bekken het lagere deel van deze spier en de buitenste vezels van de oppervlakkige schuine buikspier meer worden gebruikt. Door te draaien worden de schuine buikspieren gebruikt, terwijl bij de omgekeerde beweging de schuine spieren de buik strak trekken. Deze spier wordt ook bij hoesten en niezen actief gebruikt. Samen met de schuine buikspieren is het buitenste deel van de quadratus belangrijk voor het zijwaarts buigen en trekt ook aan de lagere ribben bij een diepe ademhaling. Het binnenste deel ligt naast de wervelkolom en helpt om hem te steunen bij bewegingen die u zijwaarts trekken. De quadratus is daarom belangrijk voor de rompstabiliteit wanneer u iets in één hand draagt, een boodschappenmand of een koffer bijvoorbeeld. Na een zwangerschap (*zie* blz. 37), als gevolg van bepaalde soorten lage rugpijn en in gevallen van zwaarlijvigheid, vermindert de spankracht van de bekkenbodemspieren en kunnen mensen soms de beheersing over de sluitspier kwijtraken en dus urine verliezen. Het is heel belangrijk om de beheersing over de sluitspier terug te krijgen. Zo kan tegelijkertijd het diepe-spierenkorset (dwarse en diepe schuine buikspieren) worden hersteld. Zoals we zullen zien (*zie* blz. 30) zijn de bekkenbodemspieren ook wezenlijk voor het ontstaan van druk, die de buikballon vormt, een belangrijk proces in het ontwikkelen van rompstabiliteit.

Samenvattend

- De rechte buikspier doet de romp vooroverbuigen en trekt het stuitbeen op wanneer we op de rug liggen.

- De schuine buikspieren draaien de wervelkolom.
- De dwarse buikspier trekt de buik strak.
- De quadratus lumborum verstevigt de wervelkolom als er een kracht op werkt die probeert de wervelkolom zijwaarts te trekken.
- De bekkenbodemspieren kunnen verbeteren terwijl aan de rompstabiliteit wordt gewerkt.

Hoe de spieren van de romp bijdragen aan de rompstabiliteit

Er zijn diverse manieren waarop de rompspieren de romp steviger kunnen maken en bijdragen aan de rompstabiliteit.

De buikballon

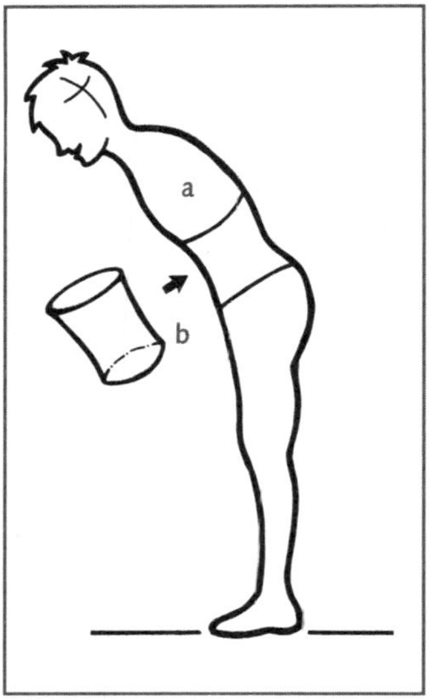

Fig. 11 De buikballon: het middenrif (a) beweegt naar beneden als het diepe-spierenkorset aantrekt en de buikwand (b) ingetrokken wordt.

Als we kijken naar de romp (*zie* fig. 11), kunnen we ons die voorstellen als een cilinder. De wanden van de cilinder zijn de schuine buikspieren, die het diepe-spierenkorset (dwarse buikspier, diepe schuine buikspieren en musculus multifidus) vormen. De bovenkant van de cilinder wordt gevormd door het middenrif, een laag spierweefsel dat het lichaam doormidden snijdt en onder de borst en boven de buik ligt. Deze spierlaag maakt het ons mogelijk te ademen, lucht in de longen te trekken en er weer uit te drukken, zoals een blaasbalg. Als we inademen gaat het middenrif naar beneden om lucht in de longen te zuigen. Omdat het naar beneden gaat, wordt de bovenkant van de cilinder geplet, zo ongeveer als wanneer er op de bovenkant van een pakje sap wordt gedrukt. De onderkant van de cilinder wordt gevormd door de bekkenbodemspieren, de spieren die maken dat we 'kunnen ophouden' als we wanhopig op zoek zijn naar een toilet, maar dat niet kunnen vinden (*zie* blz. 29). Als we dat doen, worden deze spieren in het lichaam aangespannen en geven ons enigszins het gevoel dat we tussen de benen iets intrekken en optrekken.

Als alle drie de spiersoorten samenwerken, wordt de cilinder in elke richting samengeknepen: de bovenkant drukt naar beneden, de onderkant naar boven en de wanden worden naar binnen getrokken. Binnen de cilinder liggen de maag, de ingewanden en organen, en als de spieren aanspannen, werkt het hele gebied als een enorme ballon, die een stevige bobbel aan de voorkant van de romp oplevert. Als we iets zwaars optillen, heeft de wervelkolom de neiging te krommen en naar voren te buigen, maar de buikballon (die aan de voorkant van het lichaam ligt) helpt dit te voorkomen.

Zwaar tillen of snelle bewegingen van de romp leiden tot sterkere spiersamentrekkingen en dus is de druk die de buikballon levert, groter. Hoe groter de druk binnen de onderbuik is, des te beter is de rompstabiliteit, en dit wordt bereikt met diepe buikspieren, die sterk zijn. Nog belangrijker is het dat iemand het gebied langere tijd strak kan houden. Daarom is het vasthouden, of duurtraining, zo belangrijk voor de rompstabiliteit (*zie* blz. 42).

De drie spiersoorten die de cilinder vormen, moeten tegelijk aanspannen, maar gebrek aan coördinatie kan dan roet in het eten strooien. Een voorbeeld hiervan is de incontinentie waar sommige jonge moeders last van hebben. Die doet zich soms voor als ze lachen of hoesten, want beide doen de druk in de onderbuik toenemen. De druk neemt toe terwijl de bekkenbodemspieren en de beheersing ervan heel slap zijn geworden door de zwangerschap, dus loopt er door de toegenomen druk onbedoeld urine uit de blaas. Door de spieren tussen de benen aan te spannen en weer te laten vieren met behulp van speciale bekkenbodemoefeningen en ook het diepe-spierenkorset te trainen (*zie* blz. 117), kunnen deze spieren versterkt worden.

AANDACHTSPUNT

De coördinatie en timing tussen diverse spieren is nodig om een effectieve buikballon te maken.

Fascie

De tweede manier waarmee rompstabiliteit wordt gecreëerd, is met een stevig elastisch vlies dat de achterkant van de ribbenkast tot het bekken bedekt. Het vlies wordt fascie genoemd en strekt zich uit van de bovenrug (vertebrae thoracales) en de lendenen (vertebrae lumbales). Het wordt het fascia thoracolumbalis, ofwel lendenrugpeesblad, genoemd. Als we iets optillen en voorovergetrokken worden door het gewicht ervan, strekt de fascie zich. Diverse spieren werken echter samen om aan de fascie te trekken en die strak te trekken, waardoor het mogelijk is deze kracht te weerstaan, omdat:

- de dwarse buikspier en de diepe schuine buikspieren de romp omringen en aan de achterkant vastzitten aan de fascie. Als ze aanspannen, trekken ze aan de fascie vanaf de zijkanten. Het effect is hetzelfde als wanneer er aan de zijkant van een trui wordt getrokken om hem strak te trekken.
- de strekspieren van de rug twee sterke verticale zuilen vormen, die langs elke kant van de wervelkolom lopen. Ze zijn ingebed in een laag van de fascie, en als ze samentrekken rekken ze de fascie uit en trekken deze strak.
- de bilspieren en de rugspieren die uw armen naar opzij trekken (latissimus dorsi) vastzitten aan de boven- en de onderkant van de fascie. Ze versterken de fascie door tegelijkertijd omhoog en naar beneden te trekken als de diepe buikspieren die opzij trekken.

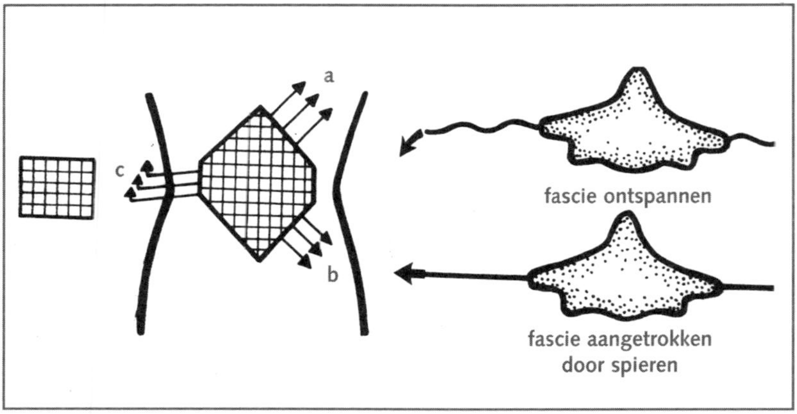

Fig. 12 De fascie van de rug (a) latissimus dorsi (b) bilspieren (c) diepe schuine buikspieren, dwarse buikspier

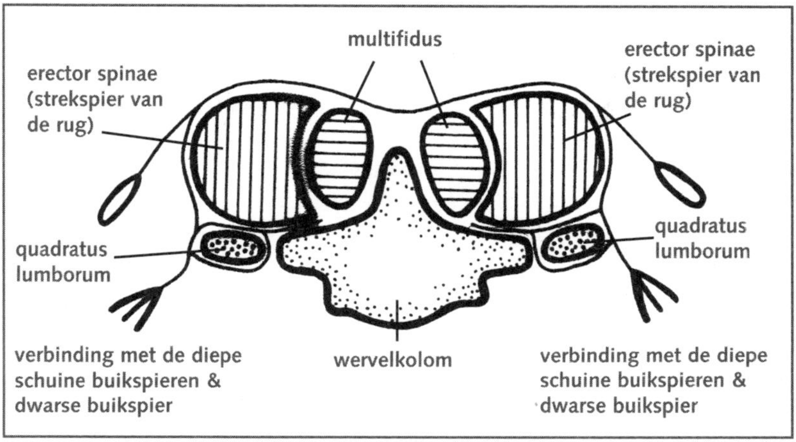

Fig. 13 Dwarsdoorsnede van de romp

Het nettoresultaat van al deze spieractiviteit is het versterken van de wervelkolom en helpen om de buigkrachten te weerstaan die zich voordoen bij tillen. Ze creëren een effectief mechanisme, maar iemand kan alleen maar optimaal functioneren als de spieren sterk zijn en een langere periode kunnen aanspannen. Daarbij moeten de spieren op het juiste moment aanspannen. Als ze hun kracht te snel aantrekken, is dat niet goed, en als ze aanspannen nadat het gewicht is opgetild, zal de druk al op de wervelkolom zijn gericht. Ook hier is de coördinatie weer heel belangrijk. De spieren moeten op het juiste moment aanspannen, met de juiste hoeveelheid kracht. En na een periode van rugpijn of een langere periode van inactiviteit, moet dit mechanisme getraind worden om te herstellen.

Strekspieren van de rug

Er zijn twee groepen strekspieren van de rug die belangrijk zijn voor de rompstabiliteit, en dan vooral bij het tillen. De eerste zijn de lokale spieren (*zie* blz. 23) die tussen elk van de ruggenwervels zitten, en de tweede zijn de algemene spieren (*zie* blz. 23) die over de hele lengte van de ruggenwervel zitten.

Van de lokale groep is vooral de musculus multifidus belangrijk. Die beweegt de wervels ten opzichte van elkaar; met andere woorden, die geeft een schommelbeweging waarbij de ene wervel tegen de andere beweegt op dezelfde manier als waarop een baksteen binnen een stapel bakstenen kan bewegen. Verder vlakt de musculus multifidus ook de kromming van de wervelkolom af zonder de hele wervelkolom te bewegen. Misschien wel het belangrijkste aspect van de spier is echter de mogelijkheid om de wervelkolom te kunnen verstevigen. Omdat ze tussen de wervels ligt, werkt ze min of meer als cement tussen bakstenen. Een stapel stenen is heel instabiel. Als de stenen echter op elkaar worden geplakt met cement, zijn ze heel stevig. Deze spieren zijn dan bestand tegen duwen en trekken en de stapel zal overeind blijven. De multifidus heeft een dergelijke functie, doordat ze de wervelkolom verstevigt en helpt om de krachten die ontstaan bij buigen, te weerstaan. Na rugletsel of een periode van lage rugpijn wordt de spier minder sterk en dus is de wervelkolom gevoeliger voor letsel. Helaas, als de rugpijn is verdwenen, bouwt de multifidus zich niet vanzelf weer op. Middels speciale oefeningen moet ze eraan herinnerd worden hoe ze behoort te werken (*zie* blz. 116).

De algemene rugspieren zijn de strekspieren van de wervelkolom, die aan weerszijden van de wervelkolom liggen. Zoals we al hebben gezien, lijken ze twee krachtige zuilen die de wervelkolom ondersteunen als we naar voren buigen. Hoewel de kracht van deze spieren belangrijk is, is hun uithoudingsvermogen (dus hoe lang ze zichzelf strak kunnen houden) eigenlijk van meer betekenis. Als het uithoudingsvermogen van de spieren gering is, krijgt de rug immers langzamerhand en na herhaald buigen een slechtere houding. Zie de wervelkolom als een vishengel. In plaats dat de hengel alleen enorm doorbuigt bij een zware vis, is hij ook nog eens verslapt, zodat *elke* vis de hengel zal doen doorbuigen alsof er een kanjer aan hangt! Het resultaat is hetzelfde. De hengel, of in dit geval de wervelkolom, buigt steeds meer. Daarom is het heel belangrijk om voldoende tijd te besteden aan het verstevigen en stevig houden van de rugspieren, vooral met grondige activiteiten als sport of zwaar tillen. Dat is de reden waarom we deze spieren met een aantal oefeningen willen aanpassen, zodat de wervelkolom uiteindelijk gestrekt kan worden.

AANDACHTSPUNT

De hoeveelheid tijd die iemand besteedt aan het versterken van de rugspieren en het uithoudingsvermogen daarvan, is belangrijker dan pure kracht.

Kiezen welke spieren aan het werk gaan

De buikspieren kunnen worden gebruikt voor bijvoorbeeld beweging, om te buigen of de romp te draaien, maar ook voor stabiliteit. Als ze worden gebruikt voor stabiliteit, houden de spieren de wervelkolom stevig en voorkomen dat hij overdadig beweegt. Daarvoor proberen ze de romp tot een steviger cilinder te maken. Bij optillen, duwen of trekken moet de wervelkolom een stevige basis vormen waar de armen en benen tegenaan kunnen duwen. Als dat niet het geval is, zal de kracht die de ledematen teweegbrengen de romp bewegen in plaats van het voorwerp waarvoor de kracht bedoeld is.

Elk van de rompspieren kan door de juiste bewegingen worden geactiveerd om de wervelkolom te bewegen. Om de wervelkolom te stabiliseren echter zullen de spieren diep in het lichaam en dus vlak naast de wervelkolom moeten worden gebruikt. De schuine buikspier en de diepe rugspieren zijn de belangrijkste spieren voor de stabiliteit; ze worden geholpen door de schuine buikspieren. De rechte buikspier en de spieren vlak onder de oppervlakte van de rug zijn verantwoordelijk voor snelle bewegingen zoals overeind komen uit liggen of rechtop komen vanuit een voorovergebogen positie.

AANDACHTSPUNT

De diepe rompspieren maken de wervelkolom stabieler en houden de wervels bij elkaar. De spieren aan de oppervlakte veroorzaken beweging.

De heupspieren

De voornaamste heupspier die bij de buikspieroefeningen steeds wordt gebruikt, is de musculus iliopsoas, de buigspier van de heup. Ze bestaat uit twee spieren. Het eerste deel komt van de lendenwervels, het tweede van het bekken (*zie* fig. 10b). Beide delen komen geleidelijk vast te zitten aan het dijbeen. De werking van deze spier is het beste te zien wanneer u plat op uw rug ligt. Als u een been optilt, komt de musculus iliopsoas in actie om de heup te buigen. Als u gaat zitten vanuit plat liggen, waarbij u uw rug recht houdt en buigt in de heup, moet de spier de romp omhoogtrekken.

Omdat de spier vastzit aan elk van de lendenwervels, zal ze de lendenwervels bij elkaar trekken als ze samentrekt. Als dit gebeurt, zal de druk binnen de wervel toenemen – we hebben gezien dat de toegenomen druk binnen de tussenwervelschijven een van de oorzaken van lage rugpijn is. Om die reden zijn alle oefeningen in het programma bedoeld om het werk van de musculus iliopsoas te beperken. Waar deze spier werkt, moet de wervelkolom in neutrale stand blijven.

AANDACHTSPUNT

Als de musculus iliopsoas te hard werkt, zal ze aan de lagere wervels trekken, waarbij de druk binnen de tussenwervelschijven toeneemt.

Hoe spieren beweging veroorzaken

Spieren bestaan uit vele vezels die parallel aan elkaar lopen. Als we door een microscoop naar deze vezels kijken, zien we dat ze bestaan uit een aantal op vingers gelijkende delen die in elkaar grijpen. Als een spier samentrekt, zullen de vingervormige delen samentrekken en elkaar overlappen, waardoor de spier korter wordt. Dus als een spier samentrekt, gaat ze trekken. Dat is alles wat ze kan; ze kan niet duwen. Als u bijvoorbeeld uw arm buigt, zullen de spieren aan de binnenkant van de arm de onderarm naar de opperarm trekken. De spieren aan de buitenkant van de arm kunnen de arm niet in deze positie duwen. Ze moeten in feite ontspannen om de beweging tot stand te brengen.

Hoe meer de vingervormige delen binnen de spieren elkaar kunnen overlappen, des te sterker de spier zal zijn. Als de spieren beginnen vanuit een positie waarin de delen elkaar al overlappen en de spier verkort is, is de kracht die de spier kan produceren heel klein, omdat er weinig meer beweging beschikbaar is. Als de spier te ver uitgerekt is, kunnen de vingervormige delen elkaar niet voldoende overlappen en dus is de spier slap. Om maximale sterkte te bereiken, moet de spier worden samengetrokken vanuit een redelijk lange positie, dus niet te kort (verkrampt) of te ver uitgerekt.

De andere functie van een spier is die van een enorm elastiek. Als het uitgerekt is, zal het weefsel binnen de spier terugspringen, en dit noemen we terugslag. Als we kijken naar de buikspieren tijdens een oefening, moeten we bekijken hoe elke spier werkt om beweging te bereiken en hoe ze een beweging kan beperken door haar lengte.

AANDACHTSPUNT

Een spier kan alleen trekken, niet duwen.

Buikspieren en zwangerschap

Tijdens de zwangerschap moeten de buikspieren uitrekken om de groeiende baby meer ruimte te geven. De spieren kunnen in de lengte vrij ver uitrekken, maar in de breedte is de rek maar heel beperkt. Het uitdijen naar opzij wordt teweeggebracht door het weefsel te splijten dat de twee naastgelegen rechte buikspieren in het midden van het lichaam verbindt (*zie* fig. 14). Deze scheur wordt een diastase genoemd en de afmeting hangt af van een aantal factoren. Moeders met een smal bekken of een grote baby (meer dan 4 kg) zullen waarschijnlijk een grote diastase hebben, evenals moeders met twee- of drielingen. Bij een moeder die tijdens de zwangerschap weinig beweging heeft genomen of de buikspieren niet heeft opgepept na een vorige zwangerschap, zal de diastase ook weer groter zijn.

Tijdens de zwangerschap zijn het hol maken van de buik en het kantelen van het bekken (*zie* blz. 108) belangrijk om de spanning op de buikwand en de wervelkolom te beperken. Na de bevalling moet de diastase de kans krijgen om te sluiten voordat wordt begonnen met actieve buikoefeningen. Het hol maken van de buik is vooral nuttig in de eerste dagen (vanaf drie dagen na de bevalling). De oefening moet regelmatig door de dag heen worden gedaan om de buikspieren te heropvoeden.

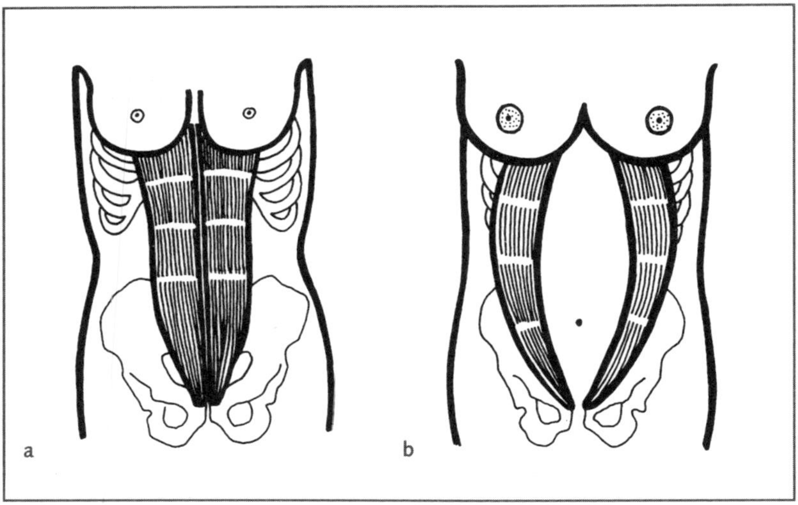

Fig. 14 De buikspieren tijdens de zwangerschap: (a) normaal, (b) na de bevalling

Het is vaak handig om deze beweging te oefenen terwijl u borstvoeding geeft in zittende of liggende houding: de jonge moeder heeft doorgaans weinig tijd en het voeden is misschien het enige rustmoment dat ze kent.

Het kantelen van het bekken is ook belangrijk in de eerste weken na de bevalling. Het doel is nu om een eventueel versterkte lordose te corrigeren, die zich voordoet door een naar voren gekanteld bekken (*zie* fig. 8a, blz. 19). Als de jonge moeder staat, moet ze proberen geen overmatige bocht in de lendenwervels te maken.

De schuine buikspieren trekken aan het gebied van de buik, dat tijdens de zwangerschap gespleten is. Krachtige samentrekkingen van de schuine buikspieren kunnen het sluiten van de diastase enigszins vertragen, dus is het verstandig niet door de weerstand heen te draaien voordat de diastase weer gesloten is tot een breedte van ongeveer twee vingers.

Samenvattend

- De scheur in de buikspieren die zich tijdens de zwangerschap kan voordoen, wordt diastase genoemd.
- De diastase kan groter zijn als u een nauw bekken hebt of als u een vrij groot kind of een tweeling draagt.

- De diastase kan groter zijn als u vrij zwaar bent of een zwakke spierspanning hebt.
- De oefening met het intrekken van de buik kan helpen uw figuur weer te herstellen.
- Stevige buikspieroefeningen vlak na de bevalling zijn af te raden.
- Een juiste houding is belangrijk om na de bevalling rugpijn te helpen voorkomen.

Basisideeën van de buikspiertraining

Effectief versterken van de spieren

Als een spier sterker moet worden, moet ze harder werken dan in het dagelijks leven gebeurt. Als dat het geval is, zeggen we dat de spier overbelast is. Om die mate van spieractiviteit te bereiken, moeten we beslissen welke soort oefening vereist is, maar ook de duur, de frequentie en de intensiteit.

Het soort oefening bepaalt welke sterkte er opgebouwd gaat worden. Er zijn drie soorten kracht: isometrische, concentrische en excentrische. Van isometrische kracht is sprake wanneer we een spier aanspannen en die aangespannen houden. Het is het soort kracht dat nodig is om een gewricht stil te houden en de beweging te stoppen. Van concentrische kracht is sprake als een spier korter wordt en een beweging versnelt. Het is het soort kracht dat we gebruiken om bijvoorbeeld iets op te rapen. Excentrische kracht is precies het omgekeerde. Bij excentrische activiteit wordt de spier langer en rekt langzaam uit. Het is het soort activiteit dat wordt gebruikt als we heel beheerst een gewicht laten zakken.

De drie soorten spierarbeid kunnen worden geïllustreerd bij het gaan zitten en opstaan uit een stoel. Als we opstaan, spannen de dijspieren zich en werken concentrisch. Als we stoppen vlak voor we volledig rechtop staan en die stand vasthouden, dan werken dezelfde spieren isometrisch. Als we ons langzaam weer in de stoel laten zakken,

AANDACHTSPUNT

De drie soorten spierarbeid zijn concentrisch (optillen), isometrisch (vasthouden) en excentrisch (zakken).

werken de spieren excentrisch. Alle drie de soorten spierarbeid zijn belangrijk voor de buikspieren en worden dus alle drie in het oefenprogramma gebruikt.

De intensiteit (hoe hard), de duur (hoe lang) en de frequentie (hoe vaak) van de oefeningen die in het programma worden gebruikt, zijn dus ook belangrijk. Door te weinig oefening zullen de gewenste resultaten niet bereikt worden. Overmatige oefening zal leiden tot machinaal werken, wat uiteindelijk kan leiden tot letsel. De intensiteit en de duur van de oefening worden bepaald door de soorten spieren die we gebruiken. De buikspieren spannen meestal aan om de romp overeind te houden in het dagelijks leven. Hiervoor zullen de spieren uithoudingsvermogen moeten hebben, zodat ze het werk langere tijd kunnen volhouden. Dit kan worden bereikt door de spieren op iets minder dan de helft van hun maximale prestatievermogen te laten werken. Als de spieren samentrekken, proberen we de tijd dat ze de samentrekking kunnen vasthouden, te verlengen tot we mogelijk de buikspieren zo'n 30 seconden of meer kunnen aanspannen.

Als de buikspieren worden gebruikt tijdens sport, om de romp te ondersteunen door die stevig te houden, kunnen ze worden gebruikt in dynamische handelingen om de romp snel te bewegen. In dat geval moeten de spieren worden getraind op kracht en snelheid. Het is belangrijk vast te stellen dat de ondersteunende (stabiliserende) functie van de buikspieren altijd eerst wordt omgeschoold in het programma. Pas als dat bereikt is en een atleet de lijn en de beweging van de romp goed onder controle heeft, kan worden begonnen met krachtbeweging. Het herstellen van goede ondersteuning in de romp vormt de basis waarop andere soorten training gebouwd kunnen worden.

De frequentie in lichaamsbeweging zal veranderen in de loop van het oefenprogramma. Dat komt omdat het alleen de bedoeling is de oefentechniek te corrigeren. Als we de techniek leren, richten we ons op een groot aantal korte oefeningen om de concentratie te helpen. Voor het oefenprogramma worden de meeste oefeningen om te beginnen tweemaal per dag uitgevoerd. De enige uitzondering vormt het hol maken van de buik, dat door de dag heen steeds weer wordt geoefend. Heeft men de technieken van de oefeningen eenmaal onder de knie, dan wordt het aantal oefenmomenten minder en wordt de training intensiever. Intensievere lichaamsbeweging vergt een langere herstelperiode en dus kunnen de oefeningen nu het beste om de dag worden gedaan, waarbij er telkens een hele dag gerust wordt zodat de spieren kunnen herstellen.

AANDACHTSPUNT

Als u moet beslissen welke oefening u het beste kunt gebruiken, kijk dan naar het soort oefening (welke spieren werken), de duur (hoe lang de oefening duurt), de frequentie (hoe vaak de oefening moet worden gedaan) en de intensiteit (hoe moeilijk de oefening is).

Het principe van specifieke training

Als een spier sterker geworden is, verandert de opbouw ervan. De spier wordt langer en steviger, en er doen zich veranderingen voor in de chemische huishouding ervan. Daarbij wordt de manier waarop de hersenen de beweging zelf beheersen, soepeler en meer gecoördineerd. Al die veranderingen vormen samen de zogenaamde trainingsaanpassing.

Met andere woorden: de veranderingen die het lichaam doormaakt, zijn een direct gevolg van de training zelf. De precieze aanpassing zal heel nauw het soort oefening dat is gebruikt, weerspiegelen en zo kunnen we zeggen dat de spieraanpassing specifiek is aan de eisen die eraan gesteld worden.

Een voorbeeld uit de algemene sport kan dit verduidelijken. Stel u twee mensen voor die de marathon lopen. Ze willen hun tijd bijstellen en voor een persoonlijk beste tijd gaan. Als de een traint door lange afstanden te lopen en de ander door korte sprintjes te doen, wie zal dan beter slagen in het verkorten van de tijd? Het antwoord is degene die de afstanden loopt. Dit soort training beantwoordt duidelijker aan de beweging die gevraagd wordt tijdens het lopen van een marathon. Marathonlopers hebben uithoudingsvermogen nodig. Sprinters bouwen voornamelijk kracht en snelheid op en hoewel de sprinter uiteindelijk ook een betere conditie krijgt, is dat niet de juiste eigenschap om uiteindelijk de marathon te kunnen volbrengen. Zijn lichaam is veranderd (aangepast), maar de verandering strookt niet met de aanpassingen die nodig zijn voor het lopen van een marathon; de verandering is niet specifiek.

AANDACHTSPUNT

Wil een oefening echt specifiek zijn, dan moet ze nauw aansluiten bij de functie die we willen verbeteren.

Bij het trainen van de rompspieren gelden dezelfde uitgangspunten. We moeten weten welke functie de rompspieren moeten uitoefenen en dan een trainingsprogramma op maat maken om deze functie te verbeteren. We hebben al gezien dat de functie van de rompspieren grofweg in twee categorieën te verdelen is: ondersteuning of stabilisering, en beweging. Tijdens de stabilisatie werken de rompspieren voornamelijk isometrisch (aanspannen en vasthouden) om de romp steviger te maken. Tijdens de beweging werken de spieren concentrisch en excentrisch om bewegingen als buigen en draaien te volbrengen. Het is echter heel belangrijk dat de romp stabiel is voordat nog meer snelle bewegingen kunnen worden ondernomen, en onze training moet daar rekening mee houden.

AANDACHTSPUNT

De rompspieren moeten in staat zijn om de wervelkolom effectief in een stabiele stand te houden voordat er sprake kan zijn van krachtige oefening.

In het programma richten we ons voornamelijk op het herstellen van de mogelijkheid van de rompspieren om de wervelkolom te stabiliseren. Pas als dit bereikt is, gaan we werken aan de mogelijkheid van de spieren om de wervelkolom te versterken. Daarom werkt het eerste deel van het programma aan de spieren die verantwoordelijk zijn voor stabiliteit en leert ze opnieuw aan te spannen en de romp stil te houden. In dit stadium zouden snelle bewegingen als sit-ups letsel aan de wervelkolom kunnen veroorzaken. Snelle bewegingen zijn niet specifiek om te stabiliseren; en tot u uw wervelkolom kunt stabiliseren en beheersen, zijn snelle bewegingen af te raden.

Later, als de stabiliteit terug is, kunnen de bewegingen beginnen. Aanvankelijk zijn ze langzaam en beheerst, later meer gericht op snelheid en kracht. In dit latere stadium bootsen de geoefende bewegingen de handelingen na die bij het sporten worden gebruikt. Op die manier blijft de training specifiek voor individuele beoefening.

AANDACHTSPUNT

Het programma begint met het verbeteren van de stabiliteit van de wervelkolom om zo algemene bewegingen te verbeteren.

Onderdelen van de conditie

Fysieke conditie kan worden gedefinieerd als de vaardigheid die iemand heeft om een fysieke taak uit te voeren. Conditie is niet gewoon het 'niet ziek zijn', het is meer dan dat. Het is de mogelijkheid van het lichaam om iemand een gelukkig en uitgebalanceerd leven te laten leiden.

We kunnen conditie van twee kanten bekijken. Er is een aan de gezondheid gerelateerde conditie die gericht is op het verbeteren van de gezondheid en het voorkomen van ziekte. Er is echter ook een conditie gerelateerd aan factoren die van belang zijn om een bepaalde sport of een activiteit in het werk te kunnen volbrengen. Om een en ander gemakkelijker te maken, kunnen we conditie verdelen in een aantal onderdelen (*zie* fig. 15b).

a

HET CONDITIE-CONTINUÜM

optimale conditie	→	gemiddelde conditie	→	minimaal conditieniveau vereist om gezond te blijven	→	slechte gezondheid

b

uithoudingsvermogen souplesse kracht pit	gerelateerd aan gezondheid
pit snelheid vaardigheid specifiek karakter	gerelateerd aan prestatie

Fig. 15 Fysieke conditie

- **Uithoudingsvermogen** omvat de conditie van hart en longen, en ook het uithoudingsvermogen van de spieren, of de mogelijkheid om een oefening af te werken.
- **Souplesse** (lenigheid) en **kracht** zijn beide essentieel voor de gezondheid van de gewrichten.
- **Pit** vraagt om psychologische factoren die belangrijk zijn voor zowel gezondheid als sport, zoals motivatie, hoe tevreden iemand is over het eigen lichaam en een positieve kijk op het leven.
- **Snelheid** (houdt ook kracht in) is nodig voor enorme bewegingen in de sport.
- **Vaardigheid** is belangrijk voor alle handelingen, maar vooral die waarbij ingewikkelde bewegingen nodig zijn.
- **Specifiek karakter** is, zoals we hebben gezien, belangrijk als oefeningen worden gekoppeld aan sport.

Het belangrijkste op het gebied van de elementen van conditie is dat de elementen in balans moeten zijn. Vaak kunnen oefeningen het ene moment wel werken, maar het andere niet. Een intensieve bodybuilding kan bijvoorbeeld een enorme groei in kracht bewerkstelligen, maar weinig verbeteren op het gebied van souplesse of uithoudingsvermogen. Het lopen van een marathon zal over het algemeen een enorme hoeveelheid uithoudingsvermogen leveren, maar weinig souplesse of kracht in het bovenlichaam.

Als de onderdelen van de conditie uit balans raken, kan het lichaam niet meer in één lijn staan en dat kan uiteindelijk leiden tot letsel. Als spieren bijvoorbeeld sterk, maar niet voldoende soepel zijn, zullen ze de neiging hebben gemakkelijker aan te spannen. Als een gewricht te soepel is, zal het minder stabiel zijn en vaak te veel ruimte geven. Het doel van conditie is om alle elementen min of meer gelijkmatig te verbeteren.

AANDACHTSPUNT

Alle onderdelen van de conditie moeten in balans zijn voor een optimale gezondheid.

Vaardigheid is vaak een element van de conditie dat vergeten wordt. In de race om steeds zwaardere gewichten te heffen, steeds verder te strekken of steeds sneller te lopen, komt de kwaliteit van een oefening vaak na de kwantiteit. Zoals echter met zoveel dingen in het leven is méér niet noodzakelijkerwijs beter. Als de kwaliteit van de beweging minder goed is, ligt letsel op de loer, omdat een handeling onhandig wordt uitgevoerd.

In het programma wordt in elke afzonderlijke oefening meer gestreefd naar de *kwaliteit* van een beweging dan naar de kwantiteit. De eigenlijke bewegingen zijn erop gericht de basisvaardigheden van de beweging van de wervelkolom te herscholen die vaak vanaf de prille jeugd in de loop der jaren stilaan verslechteren. Dat is essentieel omdat dat de basis vormt voor het hele programma. Iemand moet een oefening soepel en beheerst kunnen uitvoeren voordat de oefening telkens weer wordt herhaald.

AANDACHTSPUNT

De kwaliteit (beheersing, controle) van een oefening is belangrijker dan de kwantiteit (aantal oefeningen dat wordt uitgevoerd).

De neutrale stand van de wervelkolom beheersen

Een van de basisbewegingen die u moet beheersen is de bekkenkanteling. U moet tijdens de dagelijkse bezigheden kunnen herkennen wanneer het bekken kantelt en de wervelkolom uit de neutrale stand trekt. Zoals we hebben gezien is de ideale lijn van de wervelkolom een stand waarbij het bekken staat tussen helemaal achterover en helemaal voorover gekanteld (*zie* blz. 19). We noemen dit een neutrale stand. In de neutrale stand zijn de gewrichten, de tussenwervelschijven en het weefsel onderworpen aan de belasting waarvoor ze bedoeld zijn. Als we van deze neutrale stand afwijken, vermindert de spanning op sommige weefsels, maar neemt de spanning op andere weefsels vervaarlijk toe. De neutrale stand is daarom de veilige zone voor de wervelkolom.

De praktische manieren die worden gebruikt om de neutrale stand te vinden, staan elders beschreven (*zie* blz. 19 en 59). Hebt u de neutrale stand eenmaal onder de knie, gebruik hem dan regelmatig door de dag en alle oefeningen heen. Probeer in een stoel te zitten met uw wervelkolom in neutrale stand. Doet u aan gewichtstraining, doe dat dan met uw rug in de neutrale stand. Probeer bij het doen van rekoefeningen ook weer de wervelkolom zo lang mogelijk in de neutrale stand te houden.

AANDACHTSPUNT

De wervelkolom staat in de neutrale stand als het bekken horizontaal staat en de onderrug iets hol. Gebruik de neutrale stand zo vaak mogelijk om uw rug te ontzien.

Progressieve training

We hebben gezien dat we, om het lichaam te trainen, het moeten overbelasten, dat wil zeggen dat het lichaam harder moet werken dan het normaal tijdens de dagelijkse werkzaamheden doet. Als de conditie verbetert, wordt dezelfde hoeveelheid beweging gemakkelijker en wordt het lichaam minder belast. Het effect van de training vermindert daardoor. Om de belasting te houden en het lichaam toch verder te trainen, moet er meer gebeuren naarmate we een betere conditie krijgen. We zeggen dan dat de training progressief is.

> **AANDACHTSPUNT**
>
> Als een oefening mettertijd gemakkelijker gaat, moeten we ze ontwikkelen (moeilijker maken) om het trainingseffect te handhaven.

Een van de manieren om een gewichtstraining progressief te maken, is bij elke training meer keren te heffen (herhaling). Om het uithoudingsvermogen te vergroten bij het lopen, zouden we gewoon een langere afstand kunnen lopen bij elke training. Er zijn echter andere manieren van progressieve training zonder de hoeveelheid te vergroten.

Een dergelijke manier van progressie van een oefening is het vergroten van de mate van hefboomkracht waaraan het lichaam onderhevig is. Bij sit-ups bijvoorbeeld, waarbij de armen langs het lichaam gehouden worden, ligt het gewicht van het bovenlichaam in het midden van de romp, en de afstand tussen het spilpunt van de beweging (het heupgewricht) en het gewicht van het lichaam vormt een hefboom. Als de armen achter het hoofd worden gelegd, trekt het gewicht weg van het spilpunt en dus is het hefboomeffect groter. Als de armen boven het hoofd worden gehouden, wordt de hefboom weer vergroot, zodat de oefening moeilijker geworden is (*zie* fig. 16). In elk geval is het gewicht van het lichaam duidelijk hetzelfde gebleven, maar heeft het toenemende hefboomeffect een extra belasting van de werkende spieren opgelegd.

Een tweede manier om een oefening progressief te maken, is het veranderen van de soort arbeid die een spier moet presteren. Als een spier tegen een gewicht moet werken, bijvoorbeeld een gewicht moet optillen, kan ze dat op drie manieren doen. Als de spier voldoende kracht kan ontwikkelen om het gewicht te bewegen, werkt ze concentrisch. Als ze alleen voldoende kracht kan ontwikkelen om het gewicht stil te houden, werkt ze isometrisch. Als de spier het gewicht niet kan optillen of zelfs maar vasthouden, maar wel voor elkaar krijgt dat het

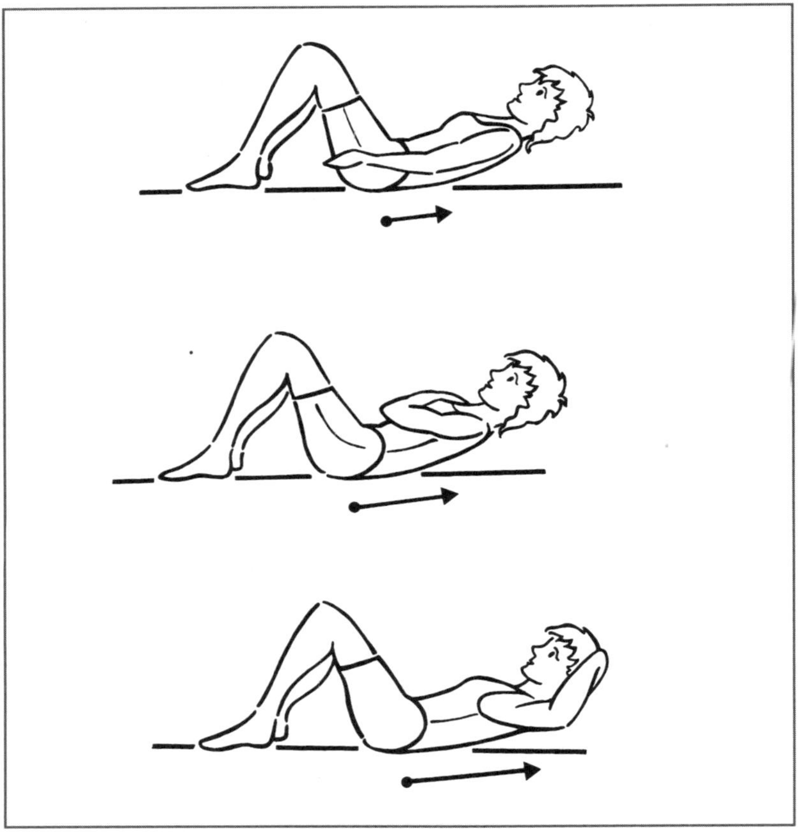

Fig. 16 Zo maakt u een oefening middels hefboomkracht progressief. Als de armen zich hoger dan het lichaam bevinden, neemt de hefboomafstand tussen heupen en gewicht van de armen toe.

gewicht langzamer zakt, werkt ze excentrisch. Een excentrische beweging is dus gemakkelijker dan een isometrische beweging; en die is op haar beurt weer gemakkelijker dan een concentrische beweging. Als een spier heel slap is, moeten we daarom beginnen met excentrische of isometrische arbeid (neerzetten of vasthouden) voordat we ons richten op concentrische arbeid (optillen).

Het toevoeren van weerstand is ook een manier om een krachtoefening progressief te maken. De weerstand kan van alles zijn dat de beweging moeilijker maakt. Elastieken, springveren, gewichten en zelfs weerstand door beweging in water zullen allemaal de spieren effectiever versterken dan de vrije beweging.

Het bereiken van het diepe-spierenkorset

Om de rompstabiliteit te versterken, moeten we de spieren van het diepe korset lokaal aan de wervelkolom (schuine buikspier, diepe schuine buikspieren en multifidus) en de meer algemene spieren gebruiken. Ons programma richt zich eerst op de lokale spieren en pas als die normaal functioneren, beginnen we te werken aan de meer algemene spieren, vooral de spieren van de rug en de flank (strekspieren van de rug en quadratus lumborum), billen, dijbeenspieren (quadriceps) en de krachtige trekspieren van de schouder (monnikskapspier, ruitvormige spieren die de schouder optrekken en de latissimus dorsi). Waar deze krachtige algemene spieren werken, zal het lichaam in elk geval in een rechte lijn blijven door de pas ontdekte rompstabiliteit te gebruiken.

Een van de redenen waarom we ons eerst richten op het diepe-spierenkorset, is dat deze spieren misschien wel vergeten zijn hoe ze moeten werken! Als iemand last heeft van rugpijn of na een operatie waarbij in de buik is gesneden, werken de spieren mogelijk niet goed. Na een zwangerschap zullen spieren wellicht de tijd nemen om terug te schakelen en als iemand heel zwaar of heel inactief is, zullen de spieren mogelijk heel lang niet gebruikt worden. In elk van deze gevallen zal het diepe-spierenkorset niet correct functioneren en moeten we het dus 'wekken' of omschakelen, voordat we de spieren kunnen trainen.

AANDACHTSPUNT

Het programma richt zich op het weer aan het werk zetten van het diepe-spierenkorset, voordat andere vormen van training worden gebruikt.

De dwarse buikspier en de diepe schuine buikspieren trekken de buik in. Ze buigen de romp niet zoals bij een sit-up. Bij de sit-up werken de rechte buikspier in het midden van de buik en de oppervlakkige schuine buikspieren aan de zijkanten. Als deze twee krachtige spieren werken, zullen ze vaak de beweging domineren en de beweging van het diepe korset overschaduwen. Om het diepe-spierenkorset te kunnen herstellen, moeten de oefeningen daarom deze spieren isoleren. De beweging vraagt om de navel in te trekken zonder de wervelkolom te buigen of de ribbenkast te bewegen. Voor een goede rompstabiliteit moeten deze spieren ook in staat zijn langere tijd aangespannen te blijven. In plaats van de oefening op te bouwen en moeilijker te maken met gewichten of banden (weerstand), kunt u beter langzaam de tijd dat de spieren zichzelf gespannen kunnen houden, opvoeren (uithoudingsvermogen). In een sportschool zal een atleet zijn armspieren opbouwen door langzaam het gewicht dat moet worden opgetild te verzwaren. Hij begint dan bijvoorbeeld met 10 kg en bouwt dat op naar 15 of 20 kg. Dit soort training is niet geschikt voor het diepe-spierenkorset. In plaats daarvan spant u de spieren aan en houdt ze in het begin 1 seconde aangetrokken, waarna u dit langzaam opbouwt naar 5 of 10 seconden, waarbij u normaal blijft ademhalen en zeker niet de adem gaat inhouden.

AANDACHTSPUNT

Om in plaats van de sit-upspieren het spierenkorset te laten werken, moet u langzaam de navel intrekken en zo vasthouden, zonder de wervelkolom te buigen of de ribbenkast te bewegen.

Houding

Houding is eenvoudig gezegd de relatie of lijn tussen de diverse delen van het lichaam. Onze houding is belangrijk vanuit twee gezichtspunten.

Ten eerste ligt een goede houding ten grondslag aan alle mogelijke oefentechnieken. Uw houding is de basis voor alle beweging. Net zoals een gebouw zal omvallen als de fundering gammel is, zal uw lichaam te lijden hebben van een slechte houding. Oefeningen die beginnen vanuit een slechte houding worden vaak onhandig en onrustig uitgevoerd. Daarom zijn ze vaak minder effectief en, nog belangrijker, degene die onhandige, onrustige bewegingen maakt, loopt een veel grotere kans op blessures.

Het tweede belangrijke punt omtrent houding is dat een onjuiste houding fysieke spanning doet ontstaan in bepaalde weefsels, wat uiteindelijk kan leiden tot het ontstaan van pijn en letsel. Bij iemand die bijvoorbeeld altijd met vrij ronde schouders rondloopt, kan dat gewoon voortgekomen zijn uit gespannen borstspieren en slappe spieren die de schouders zouden moeten ondersteunen. Als die combinatie tijdig gecorrigeerd wordt, kan de slechte houding in de loop der jaren niet verder verslechteren.

Als gevolg van een slechte houding verandert de manier waarop we onze gewrichten bewegen. Verandering in dit soort beweging wil zeggen dat de gewrichten mogelijk onderhevig zijn aan een ongelijke spanning.

We zagen al eerder dat een goede conditie in feite een combinatie is van diverse componenten. In relatie tot houding zijn de twee belangrijkste componenten voor conditie souplesse en kracht. Veranderingen in de houding worden vaak in verband gebracht met slechte spierspanning (verslapping) in sommige spieren met daarbij een te grote spanning (aanspannen) in andere spieren. Deze disbalans in spanning maakt dat de spieren rond een gewricht ongelijk worden aangespannen en dat het gewricht als gevolg daarvan uit evenwicht getrokken wordt (*zie* fig. 17).

Het doel van de training is de balans in spierspanning terug te brengen door rekoefeningen om de gespannen spieren te verlengen, gecombineerd met versterkende oefeningen om de spanning van de luie spieren te vergroten.

AANDACHTSPUNT

Uw houding wordt beïnvloed door de manier waarop u oefent, en de oefening die u kiest zal op haar beurt uw houding beïnvloeden.

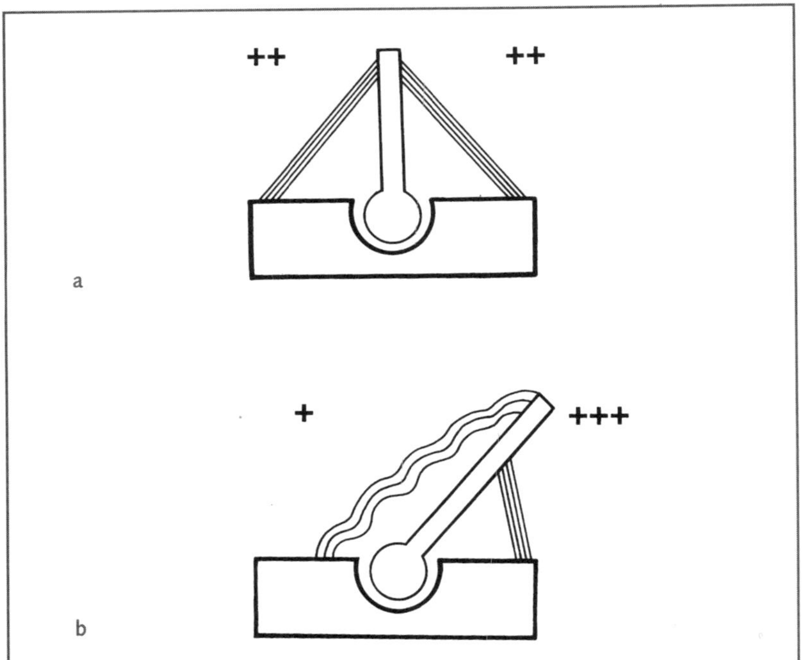

Fig. 17 Disbalans van houding en spieren. (a) normaal gewricht: gelijke spierspanning corrigeert de lijn van het gewricht (b) onevenwichtige houding: ongelijke spierspanning trekt het gewricht uit balans.

Optimale houding

We kunnen niet spreken van een normale houding, omdat maar heel weinig mensen normaal zijn in de ware zin van het woord. Eigenlijk is het zo dat, wanneer we het hebben over een gemiddelde houding, het gemiddeld heel zwak kan zijn; en dit soort houding is verre van ideaal.

In plaats daarvan zouden we het moeten hebben over een optimale houding, waarbij de diverse lichaamsdelen juist in lijn staan en er een minimale spanning op het lichaamsweefsel rust. Dit soort houding vraagt weinig spieractiviteit omdat het in feite in balans is.

De diverse componenten van het lichaam werken samen zoals de schakels van een ketting. Beweging in de ene schakel leidt tot beweging in de volgende, die dan weer wordt overgebracht op de volgende, enz. Dit betekent dat een verandering in de houding in het ene deel van het lichaam de lijn in een ander deel van het lichaam danig kan beïnvloeden.

Veranderingen in de vormen zijn hier een goede illustratie. Platvoeten, waarbij de binnenste boog van de voeten naar beneden loopt, zullen op hun beurt het scheenbeen en daarna het dijbeen doen draaien. Deze veranderingen kunnen mogelijk worden gevoeld in de lendenen, de borst en de nek. Vanwege dit vergaande verband tussen de lichaamsdelen is het belangrijk elke fout in de houding te corrigeren, hoe onbelangrijk die ook mag lijken.

AANDACHTSPUNT

In een optimale houding staan de lichaamsdelen juist ten opzichte van elkaar, dus is er weinig inspanning nodig om die houding te handhaven.

Een van de manieren om naar de houding te kijken, is ze te vergelijken met de lichaamslijn. In een optimale houding loopt de lichaamslijn gelijk aan een loodlijn die verticaal naar beneden gaat vanaf het midden van het hoofd. Het lichaam moet gelijkmatig langs deze lijn verdeeld zijn (*zie* fig. 18) en in het ideale geval zou de lijn vlak voor de knie moeten passeren, door de heup- en schoudergewrichten moeten lopen en dan door het oor. Bij nadere beschouwing van het bekken is er sprake van een optimale bekkenlijn als de rand van het bekken in een directe verticale lijn staat met het schaambeen in de lies. In deze stand moet er een lichte kromming naar de wervelkolom en een lichte kromming in de nek te zien zijn.
Er doen zich echter diverse variaties voor op deze normale houding, die we op onszelf moeten betrekken.

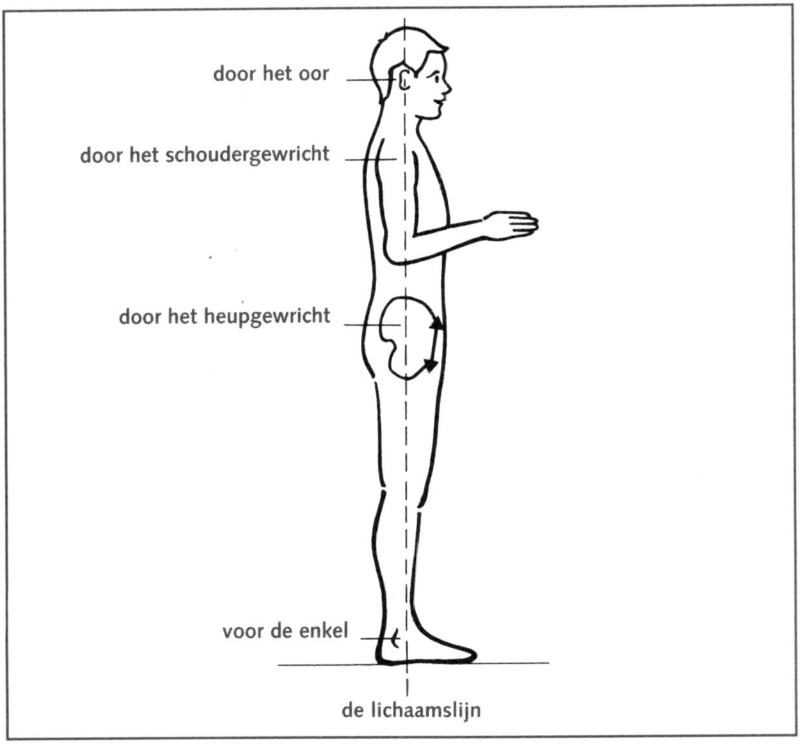

Fig. 18 Optimale houding: de rand van het bekken vormt een bijna verticale lijn met het schaambeen in de lies.

De eigen houding beoordelen

Voordat u uw houding kunt corrigeren met de oefeningen van het programma, moet u uw huidige lichaamslijn vaststellen. U hebt daarvoor een partner nodig, die uw houding kan beoordelen; u zult op uw beurt de zijne beoordelen. Vraag uw partner om tegen een verticale rand te gaan staan, zoals een deurpost of een loodlijn die is vastgemaakt aan een haak. Zorg dat de rand van de lijn iets voor de enkel langsloopt en vergelijk de houding dan met deze referentielijn. Figuur 18 laat de optimale lichaamslijn zien. Maak een fotokopie van dit diagram en geef dan daarop de stand van de knieën, heupen, schouders en oren aan. Het gaat om het middelpunt van elk van deze punten. In de volgende stap moet dan bepaald worden wat de stand van het bekken van de ander is. Teken een denkbeeldige lijn van de rand van het bekken (het

STAND VAN HET LICHAAMSDEEL		UW SCORE
	stand van het hoofd	
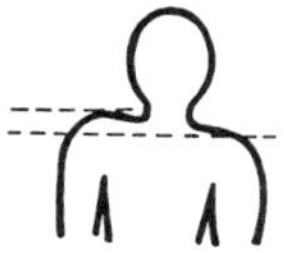	stand van de schouders	
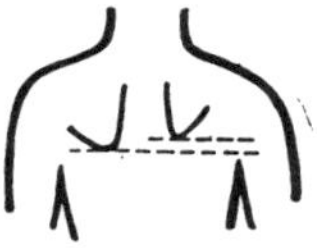	stand van de schouderbladen	
	huidplooien in de taille en langs de wervelkolom	
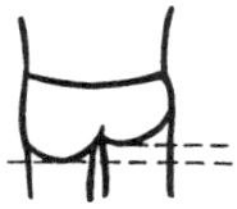	hoogte van de bilplooien	
	hoogte van de knieplooien	
	volume van de kuitspieren en stand van de achillespees	
	platvoeten of hoge boog	

Fig. 19 Beoordeling van de staande houding vanaf de achterkant

punt dat het meest naar voren steekt) naar het schaambeen. Bepaal of deze lijn verticaal staat of in een hoek.

Hebt u de houding van uw partner vanaf deze kant beoordeeld, keer hem dan zodat hij met zijn rug naar u toe staat. Zijn voeten moeten ongeveer 10 cm uit elkaar staan. Nu gaan we verder met figuur 19. Kijk om te beginnen goed naar de voeten. De binnenkant van de voeten moet een zachte boog maken en mag niet plat zijn. Ga langs het been omhoog en bekijk of de achillespees verticaal staat en het merendeel van de kuitspieren gelijk zijn. De plooien in de achterkant van de knieën en aan de onderkant van de billen moeten aan beide kanten van het lichaam ongeveer even hoog zitten. Het bekken zelf moet horizontaal staan en de wervelkolom moet een verticale lijn vertonen. Om de rechte lijn van de wervelkolom te controleren, kunt u kijken naar onder andere de huidplooien aan beide kanten aan de onderkant van de romp; deze moeten gelijk zijn in vorm en aantal. De schouderbladen moeten ongeveer drie vingerbreedtes (6 tot 8 cm) uit elkaar staan en ze moeten op dezelfde horizontale lijn liggen. De omtrekken van de schouders moeten op dezelfde hoogte liggen en ze moeten gelijk lijken in afmeting en vorm. Ten slotte moet het hoofd recht staan en niet naar een kant getrokken worden. Vermeld elke verandering ten opzichte van de optimale houding op de fotokopie van fig. 19.

De uiteindelijke manier om de houding te beoordelen is het schatten van de diepte van de kromming in de onderrug. Eigenlijk zou deze kromming maar iets hol moeten zijn. Is de kromming te diep of te plat, dan verandert de lijn van het lumbale gebied, waaruit afgeleid kan worden dat de bekkenkanteling niet langer correct is. Bepaal de diepte van de kromming van de wervelkolom door met uw rug tegen een muur te gaan staan. Zet uw voeten 15 tot 20 cm vanaf de muur en zorg dat billen en schouders de muur raken (*zie* fig. 20).

Laat uw partner zijn hand tussen de muur en de onderrug leggen. Eigenlijk zou de hand er niet verder tussen moeten kunnen glijden dan de vingers (*zie* fig. 20a). Als de hele hand ertussen kan (*zie* fig. 20b), is de welving van uw wervelkolom te diep. Kunnen alleen de vingertoppen tussen uw rug en de muur, dan is de welving van de lumbale wervelkolom te vlak (*zie* fig. 20c).

Samenvattend

In een optimale houding:

- staan heupen, schouders en oren in een verticale lijn;

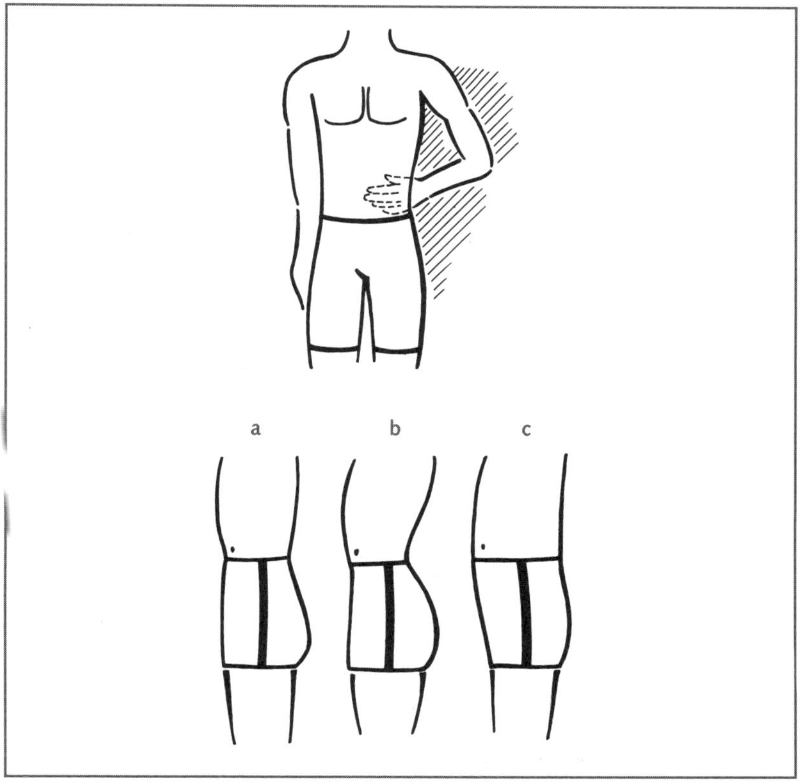

Fig. 20 Beoordelen van de kromming in de wervelkolom: (a) normaal, (b) te diep, (c) te vlak

- staat het bekken horizontaal;
- moet de onderrug licht hol zijn;
- staat de binnenrand van de schouderbladen 6 tot 8 cm uit elkaar.

De holle rug

Bij een optimale houding staat het bekken horizontaal met de voorste rand van het bekken en het schaambeen in een verticale lijn gezien vanaf de zijkant. In deze stand moet het onderste deel van de rug (de lendenwervels) iets hol zijn. In deze houding echter worden de buikspieren slap en lang, waardoor het bekken naar voren kan kantelen. Als dat gebeurt, trekken de lendenwervels veel meer aan de welving van de

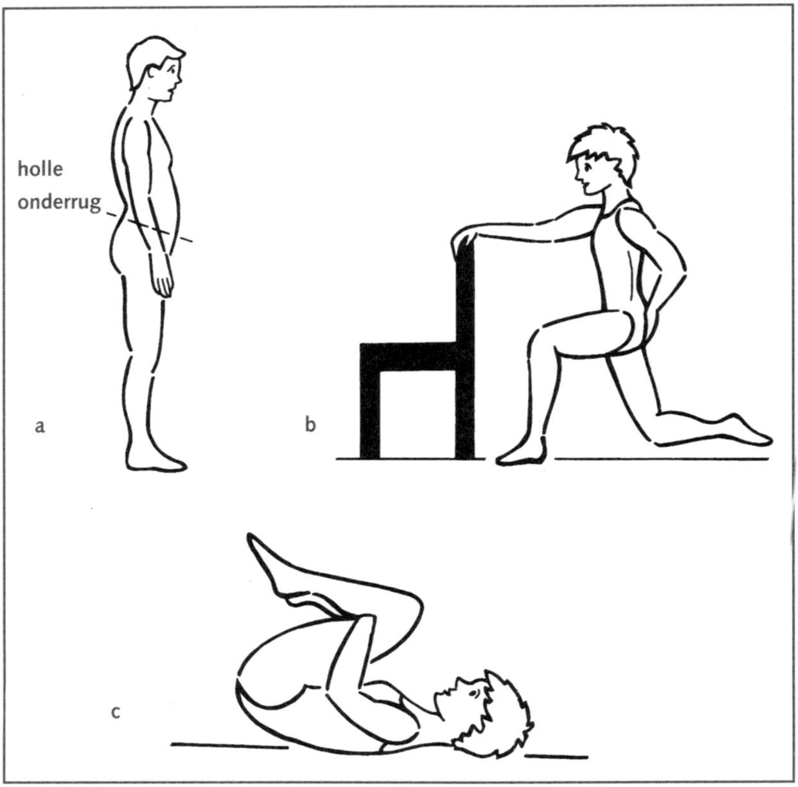

Fig. 21 Holle rug: (a) buikspieren verslappen, (b) rekken van de buigspieren van de heup, (c) rug strekken met de knieën naar de borst

wervelkolom. Deze verkromming geeft druk op de tussenwervelschijven en de kleine gewrichten (facetgewrichten) van de lendenwervels. Mettertijd kan dat leiden tot rugpijn, die vooral heel erg kan worden als iemand langere tijd moet staan.

Het probleem hier is niet de kracht van de buik, maar de lengte van de buikspieren en het feit dat de onderrug langere tijd in holle stand wordt gehouden. Om de holle rug te corrigeren, moeten we kiezen voor oefeningen die leiden tot het verkorten van de buikspieren. De oefeningen om de buik hol te maken en de romp te doen buigen, zijn de twee oefeningen die we in het programma gebruiken; ze staan respectievelijk beschreven op blz. 113 en 124. Deze houding is vrij gewoon na een zwangerschap en wordt vaak gezien bij jonge gymnasten, die in deze houding lopen.

De holle rug (*zie* fig. 21a) is de klassieke bierbuikhouding, waarbij jaren van inactiviteit gecombineerd met overgewicht de buikspieren slap hebben gemaakt. Vaak kan de hoekige vorm van het bekken de buigspieren van de heup verkorten en is daarvoor stretching nodig. De oefening hiervoor wordt getoond in fig. 21b. Eerst gaat de persoon in een halfknielende stand zitten en trekt de buikspieren in om de romp te verstevigen en te stabiliseren. Vanuit deze stand drukt hij zichzelf voorover, waarbij hij zijn onderste been strekt en zo de buigspieren van de heup effectief strekt. Het is van wezenlijk belang dat bij deze oefening de wervelkolom niet hol wordt. Als dat gebeurt, is de oefening meer op de lendenwervels gericht dan op de heupen.

Als de houding al jaren bestaat, kan de basis van de wervelkolom heel stijf zijn. Figuur 21c laat een oefening zien om die stijfheid op te heffen. Ga plat op de grond liggen, met uw knieën opgetrokken. Pak uw benen vast onder uw knieën en trek de knieën op naar de borst. Hierdoor zal de lumbale wervelkolom rond worden, de tegengestelde houding van een holle rug. Zorg dat de beweging langzaam en beheerst gebeurt. Dwing de wervelkolom nooit tot bewegen als hij stijf is, maar stimuleer hem voorzichtig.

AANDACHTSPUNT

Bij een holle rug is de kromming van de lumbale wervelkolom te groot en zijn de buikspieren te lang.

Houding van hoofd, nek en schouders

De houding van hoofd en nek zijn belangrijk waar het gaat om buikspieroefeningen. Het vaak doen van sit-upbewegingen met de handen in de nek kan leiden tot het ontstaan van een slechte houding in dit deel, en voortdurende pijn.

Kijken we vanaf de zijkant naar iemand, dan moeten het schoudergewricht en het oor op de lichaamslijn liggen. Een gewone afwijking in de houding tezamen met het bovenste deel van de wervelkolom wordt

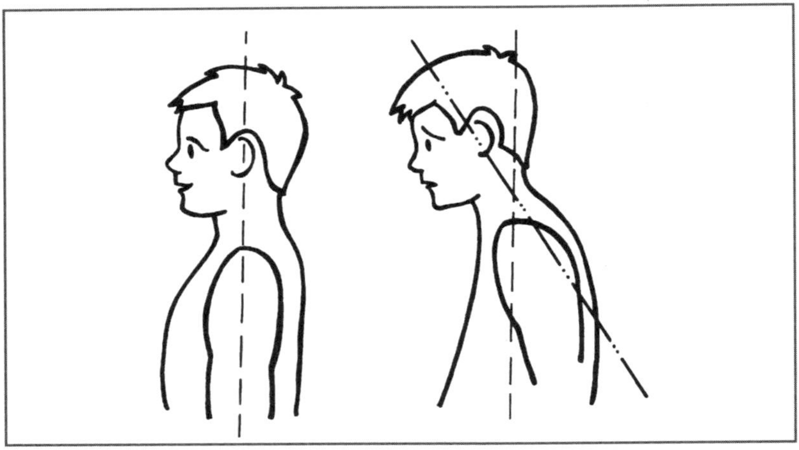

Fig. 22 Ronde rug: normaal (links), onjuiste lijn van hoofd en schouders (rechts)

een ronde rug genoemd (*zie* fig. 22). Er doen zich veranderingen voor in de houding van hoofd en nek, het schoudergewricht en de borstwervels. De normale kromming in de borstwervels verdwijnt en er ontstaat pijn tussen de schouderbladen.

Als we van opzij kijken naar iemand met een ronde rug, dan blijkt dat het hoofd vaak voorover wordt gehouden, waarbij de schouders overmatig rond zijn. De borstspieren zijn normaal te gespannen, terwijl de spieren die de schouders terugtrekken vaak te slap zijn. Op de rug gezien moeten de schouderbladen 6 tot 8 cm vanaf elkaar staan. Bij de ronde rug zorgen slappe schouderspieren er echter voor dat de schouderbladen verder uit elkaar staan en draaien.

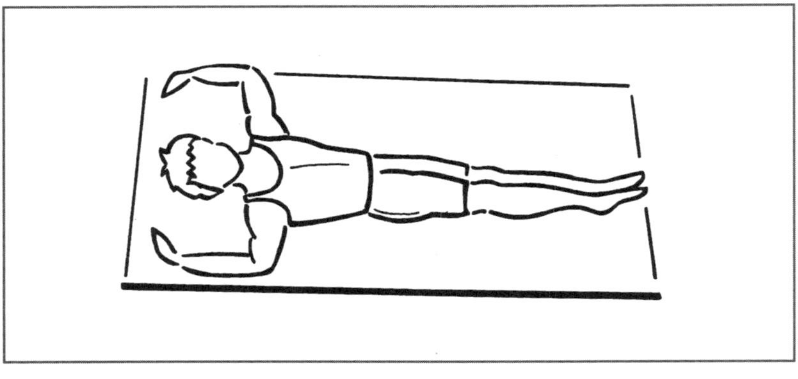

Fig. 23 Borst strekken

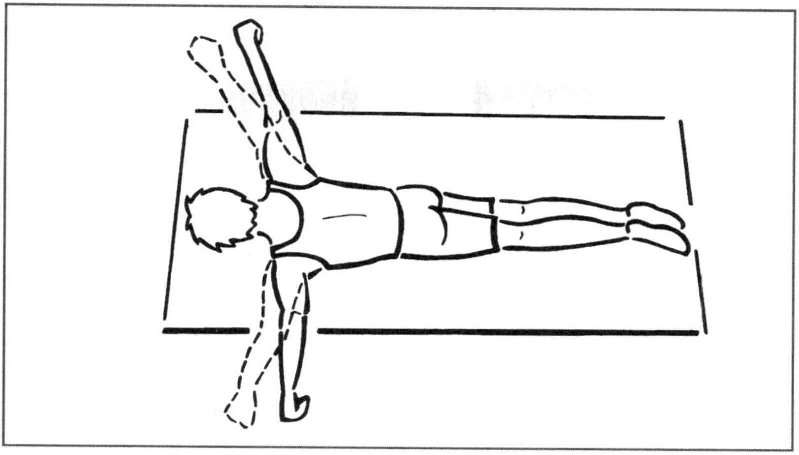

Fig. 24 De bovenste rugspieren versterken

Houdingsoefeningen zijn hier bedoeld om de gespannen borstspieren te rekken, de slappe schouderspieren te versterken en de spieren in de nek te rekken. De eerste oefening die wordt gebruikt om dit te bereiken, is te zien in fig. 23. De persoon ligt plat op de grond met zijn armen uitgespreid in T-vorm.

Vanuit deze stand zijn de ellebogen gebogen en vormen de armen een hoek van 90°. Om gewoon deze houding vast te houden, zullen de borstpieren en de spieren die de schouders draaien, zich strekken. Haal langzaam adem en probeer in de beweging te ontspannen.

Om de bovenste rugspieren te strekken moet men ook deze positie innemen, maar nu op de buik liggend. Strek ook nu weer de armen uit in een T-vorm, maar houd deze keer de armen recht. Het doel is nu om gewoon de rechte armen een centimeter of 5 op te tillen en 10 seconden in die stand te houden (*zie* fig. 24). Hierdoor komen de schouderbladen bij elkaar en worden de spieren eromheen verstevigd. Doe deze beweging vijfmaal per dag en houd deze stand telkens 10 seconden vast.

Om de nekspieren te strekken moet de kin worden ingetrokken. Ga rechtop staan met het hoofd horizontaal. Vanuit deze stand moet u gewoon de kin intrekken zonder omhoog of naar beneden te kijken (*zie* fig. 25). Hierdoor maakt de nek één enkele lijn, waarbij de gewrichten in de nek vrijuit kunnen bewegen. Als u uw hals intrekt, wordt de kromming in de basis van de nek afgeplat en voelt u hoe de spieren achter in de nek zich strekken.

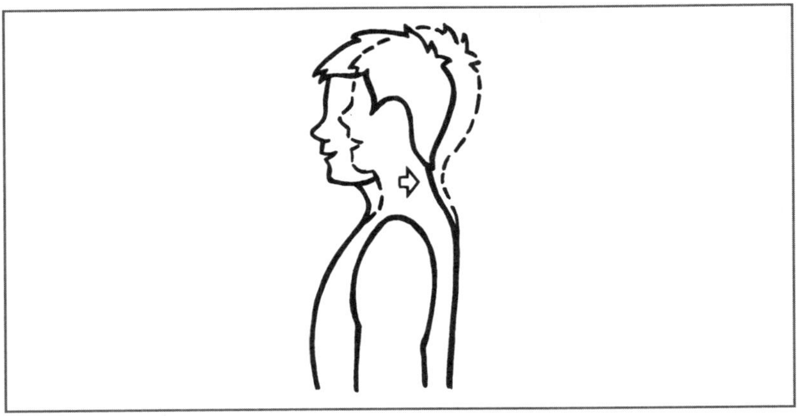

Fig. 25 Het hoofd achterwaarts trekken, de kin intrekken

AANDACHTSPUNT

Bij de bolle bovenrug steekt de kin vooruit en zijn de schouders rond. De borstspieren zijn gespannen en de spieren die de schouderbladen beheersen, zijn slap.

Lordose

Om de houding vast te stellen wordt de lijn van het lichaam vergeleken met een verticale loodlijn. Bij een lordose blijft het bekken horizontaal, maar bewegen de heupen naar voren ten opzichte van de lichaamslijn (*zie* fig. 26). Omdat het heupgewricht nu voor die lijn ligt, wordt de heup uitgestrekt. In deze stand worden de buigspieren van de heup verlengd en dat is exact het tegengestelde van wat we eerder zagen bij de holle rug (*zie* blz. 59).

Wanneer we de normale houding en de lordose met elkaar vergelijken, is duidelijk dat in een normale houding de borst het punt is dat het verst naar voren staat, terwijl de billen het verst naar achteren wijzen. Bij de lordose echter wijst de buik het verst naar voren en de borstwervels wijzen het verst naar achteren. Kijkend naar de lendenwervels in normale stand, is de lumbale curve over de hele lengte iets hol. Bij een lordose echter is de holling scherp en meer uitgesproken in het onderste deel van de wervelkolom. Ten slotte liggen bij een normale houding wervelkolom en been dicht bij de lichaamslijn, maar bij de lordose vormen de wervelkolom en het been een kromming met het hele lichaamsprofiel, waarbij aan de zijkant een V-vorm zichtbaar is. De lordose is een ontspannen of doorgezakte houding die vaak wordt gezien bij tieners.

Het corrigeren van de lordose wordt eerder bewerkstelligd door voortdurend trainen van de juiste lijn dan door kracht- of stretchoefe-

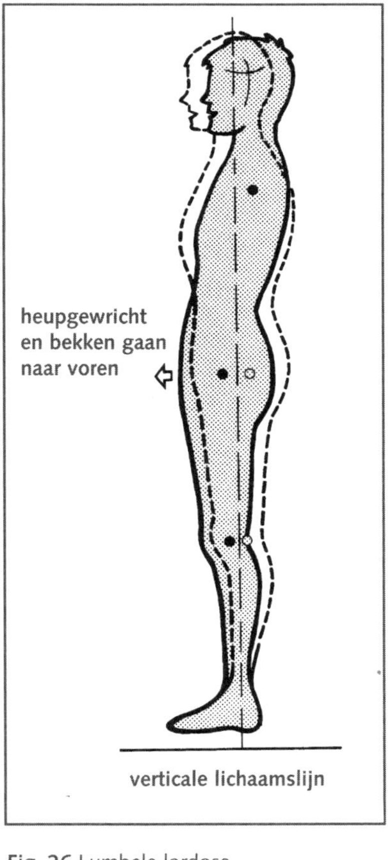

Fig. 26 Lumbale lordose

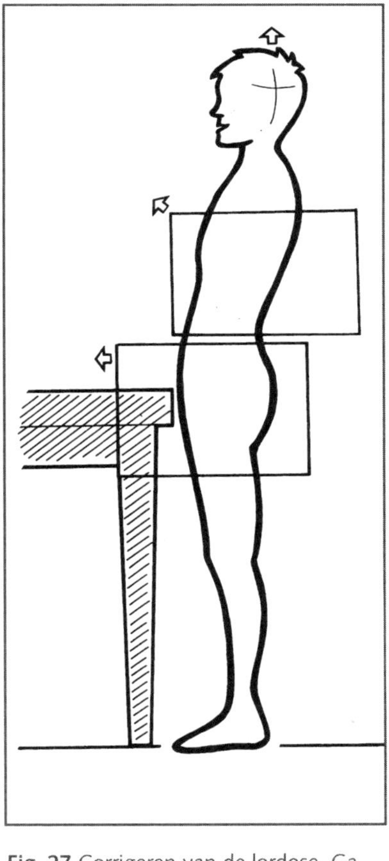

Fig. 27 Corrigeren van de lordose. Ga voor een tafel staan. De borst gaat naar voren en de wervelkolom wordt langer. Sta rechtop.

ningen. Omdat de lichaamslijn bij de lordose gekromd is, lijkt iemand met deze houding korter. Door gewoon te proberen rechtop te staan, zou de lordose zichzelf kunnen corrigeren.

Verder kan het helpen om de juiste lichaamslijn te bereiken middels het bekken. Ga voor een tafel staan, met de rand van de tafel net tegen het bekken. Verbeeld u dat uw bekken en uw borst twee aparte delen zijn (*zie* fig. 27). Zonder te buigen, laat u uw borst naar voren glijden, waarbij u probeert te voorkomen dat u uw bekken harder tegen de tafel duwt.

AANDACHTSPUNT

Bij lumbale lordose duwen heup en bekken naar voren en lijkt het lichaam een zoutzak.

Platte rug

Iemand met een platte rug heeft een opvallend verkleinde lordose van de wervelkolom of een opvallende vermindering van de normale kromming. Als u rechtop staat met de rug tegen een muur, moet u normaal uw handpalm tussen de muur en de lendenwervels kunnen leggen (*zie* fig. 20, blz. 59). Iemand met een platte rug zal waarschijnlijk niet meer dan twee vingers kunnen leggen in de holte die is ontstaan. In deze houding wordt het bekken achterwaarts gekanteld en trekt de lendenwervels met zich mee. De platte rug komt veel voor bij mensen die heel vaak in een stoel hangen. Deze houding komt ook veel voor na een periode van rugpijn, waarbij iemand te lang in bed heeft gelegen. Bij het voor- en achteroverbuigen kan zich stijfheid voordoen, waarbij de wervelkolom bijna altijd in een platte houding wordt gehouden.

Stretchen kan helpen om de pijn die door deze houding veroorzaakt wordt te verlichten, op voorwaarde dat hierbij wordt geprobeerd de beweging zachtjes uit te voeren en niet te forceren. Het stretchen moet ietsjes onaangenaam aanvoelen, omdat de oefeningen werken op heel gespannen weefsel. Ze mogen echter niet tot rugpijn leiden. Als dat toch gebeurt, mogen de oefeningen alleen worden uitgevoerd onder toezicht van een fysiotherapeut of kinesist. Begin het stretchen door

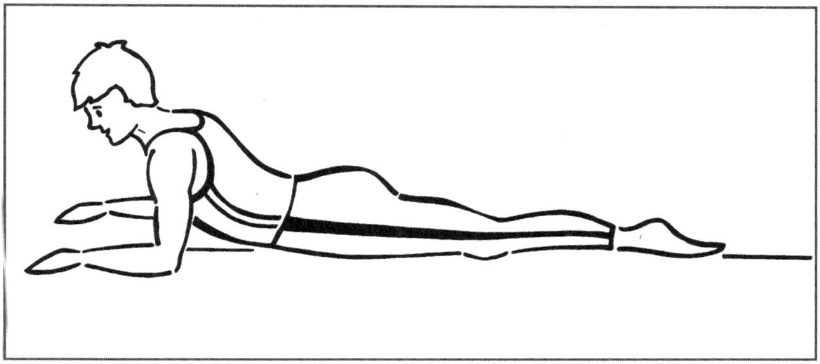

Fig. 28 Corrigeren van een platte rug

plat op uw buik te gaan liggen. Leg uw onderarmen op de grond naast uw borst. Houd uw heupen laag, druk met uw armen en vorm een boog met de wervelkolom tot u op uw onderarmen omhoogkomt (*zie* fig. 28). Doe deze oefening elke dag, waarna de souplesse langzaam zal terugkomen.

AANDACHTSPUNT

Bij een platte rug is de normale kromming van de wervelkolom verdwenen en zijn de lendenwervels stijf geworden.

Dieet en oefeningen

Mensen beginnen vaak met buikspieroefeningen in de hoop dat ze hun taillelijn wat kunnen verminderen. Ze gaan bij een gymvereniging of sportschool en werken een paar maanden keihard. Op een zeker moment echter kan het enthousiasme verdwijnen als ze niet de resultaten zien die ze hadden willen bereiken. In plaats van een slankere taille is hun vorm slechts marginaal veranderd, waarna ze het sporten gedesillusioneerd opgeven. Er zijn twee redenen voor het mislukken van dit soort training. Ten eerste, als de training niet is gekoppeld aan een juist dieet, zult u niet duidelijk gewicht verliezen. Ten tweede, het soort training bepaalt het effect op uw taille. De verkeerde soort training heeft meestal heel weinig effect.

Lichaamsgewicht en lichaamsvet

Mensen hebben het vaak over het feit dat ze te zwaar zijn, waarbij ze bedoelen dat ze te veel slap vlees rond hun buik (mannen), of rond de buik, dijen en billen (vrouwen) hebben. Lichaamsgewicht is echter opgebouwd uit een aantal zaken. Botten, spieren, vocht, organen, vet en andere weefsels dragen allemaal bij tot het totale gewicht. Neem een sauna en u zult gewicht kwijtraken omdat u vocht verliest, maar dat is geen blijvend gewichtsverlies. Begin aan een trainingsprogramma om gewicht kwijt te raken en uw spieren zullen soepel, stevig en krachtig worden. Dit mag aantrekkelijk lijken, maar omdat spieren meer wegen dan vet, zult u juist een paar pond zwaarder worden. Wat we bedoelen als we zeggen dat iemand te zwaar is, is dat hij te veel vet heeft, mogelijk gekoppeld aan slappe spieren.

Lichaamsvet komt in verschillende vormen voor. Essentieel lichaamsvet zit rond de organen en in het merg in het midden van de botten. Vrouwen hebben meer vet dan mannen, omdat ze vet hebben dat belangrijk is voor een aantal hormonale functies. Als het vetniveau te veel vermindert, zoals het geval kan zijn bij jonge meisjes die zich te streng aan een dieet houden, zal de menstruatie vaak uitblijven als gevolg van de hormonale veranderingen die het gevolg zijn van te weinig lichaamsvet. Het andere soort vet is opgeslagen vet, dat onder de huid zit en als energievoorraad dient. Het is het opgeslagen vet dat vaak overmatig is.

Om de taille te verminderen, moet de hoeveelheid lichaamsvet verminderd worden, terwijl er toch sprake blijft van een gezond, uitgebalanceerd eetpatroon. Dit moet echter gekoppeld worden aan oefeningen om de buikspieren te versterken, want anders worden die slap.

AANDACHTSPUNT

De hoeveelheid lichaamsvet die iemand heeft, is belangrijker dan het gewicht.

Het voedingscontrolesysteem

Een van de voornaamste factoren die bijdragen aan het instandhouden van een ideaal lichaamsgewicht, is het voedingscontrolesysteem. Dit ligt in de hersenen, in een gebied dat de hypothalamus wordt genoemd. Het voedingscontrolesysteem bestuurt het lichaamsgewicht door de hoeveelheid energie die wordt verkregen uit voedsel, aan te passen aan de vraag van het lichaam door activiteit. Als de hoeveelheid energie die door het lichaam opgenomen wordt, precies gelijk is aan de hoeveelheid die het lichaam verbruikt, zal het lichaamsgewicht constant blijven. Mensen die te zwaar zijn, hebben vaak niet meer de vaardigheid om hun energiebehoefte precies af te stemmen op hun voedselopname. Tenzij het voedingscontrolesysteem opnieuw ingesteld wordt, is op lange termijn beheersing van het ideale lichaamsgewicht niet waarschijnlijk. Een van de problemen met sneldiëten is dat ze wel leiden tot een tijdelijke gewichtsafname, omdat ze de hoeveelheid energie die erin gaat beperken, maar het voedingscontrolesysteem probeert energie te bewaren en het basaal metabolisme van het lichaam en de basisstofwisseling bij rust worden tot zo'n 45% verminderd. Dit betekent dat het gewichtsverlies minder wordt en dat iemand snel de motivatie kan verliezen, omdat hij altijd meer eten wil dan hij mag hebben. Wanneer het dieet stopt, gaat het gewicht weer omhoog en ontstaat er een jojo-effect van herhaaldelijk gewichtsverlies en gewichtstoename over een langere tijd.

Een effectievere manier van gewichtscontrole is het combineren van goede eetgewoonten met regelmatige activiteit, omdat dat heeft aangetoond dat het voedingscontrolesysteem het niveau opnieuw instelt.

Iets over calorieën

De energie die het lichaam als voedsel opneemt en die wordt verbruikt bij activiteit, wordt gemeten in kilocalorieën, een maatstaf van de warmte die een levensmiddel zou opleveren als het verbrand zou worden. Een kilocalorie of Calorie is de meest gebruikte maateenheid en die staat gelijk aan 4,2 joules, waarbij de joule de andere maateenheid van voedselenergie is, die soms ook wel op verpakkingen staat. Enkele van de voornaamste componenten van voedsel zijn koolhydraten, een zetmeel- of suikerachtig materiaal dat energie levert, vet, een energieopslag en proteïne, dat wordt gebruikt om lichaamsweefsels op te bouwen. Al deze stoffen kan het lichaam gebruiken voor energie; ze worden gemeten in kilocalorieën. Zowel koolhydraten als eiwitten produceren dezelfde hoeveelheid energie. Vet is een meer geconcentreerde energiebron en kan de energie van de andere twee voedingsstoffen meer dan verdubbelen. Dat is de reden waarom vet wordt gebruikt als energieopslag, en het beperken daarvan is een goede manier om gewicht kwijt te raken. Een andere energiebron is alcohol, die bijna net zoveel kilocalorieën bevat als vet.

Levensmiddelen bestaan uit een mengsel van voedingsstoffen en dus geven we ieder levensmiddel een totale kilocaloriewaarde, die recht doet aan de evenredige hoeveelheid van de diverse voedingsmiddelen die het bevat. De kilocaloriewaarde is handig als het levensmiddel wordt gebruikt als onderdeel van een kilocaloriebeperkt dieet om gewicht kwijt te raken, maar zegt helemaal niets over de kwaliteit van het voedsel. Dit komt omdat voedingsmiddelen met hoge kilocaloriewaarde niet noodzakelijk veel vitaminen en mineralen behoeven te bevatten; en vezels bevatten werkelijk geen enkele kilocalorie, maar vormen wel een belangrijk onderdeel van het dagelijkse voedselpakket.

Het lichaam gebruikt energie op twee manieren. Zelfs zonder beweging heeft het lichaam een bepaalde behoefte aan rustenergie om te kunnen ademen, het hart te laten kloppen, de spijsvertering op gang te houden en andere lichaamsfuncties te kunnen uitvoeren. De hoeveelheid energie die nodig is voor deze processen kan van persoon tot persoon verschillen en is afhankelijk van vele factoren, onder meer de lichaamsgrootte. De rustenergie noemt men het basaal metabolisme, en normaal gezien verbruikt dat zo'n 1200 kilocalorieën per dag. De andere energiebehoefte komt voort uit spontane activiteiten, zoals handwerk en gymnastiek. Mensen met een actieve baan en mensen die veel gymnastiek doen, verbranden meer kilocalorieën.

Verschillende sporten zullen verschillende hoeveelheden kilocalorieën verbranden. Rustig joggen kost bijvoorbeeld 120 kilocalorieën per uur, terwijl een auto besturen slechts 48 kilocalorieën kost. Stevig zwemmen of een gewichtstraining, waarbij alle spieren aan het werk zijn, kan in dezelfde tijd wel zo'n 250 kilocalorieën verbruiken. Om een beduidend aantal kilocalorieën te verbranden, moet de oefening zo'n 20 tot 30 minuten volgehouden worden en regelmatig worden gedaan.

Afvallen

Wanneer de hoeveelheid energie die het lichaam uit voedsel opgenomen heeft, gelijk is aan de hoeveelheid die tijdens training en dagelijkse bezigheden wordt verbruikt, kunnen we zeggen dat de energie in balans is. In die situatie zal er geen gewicht bijkomen of afgaan. Wanneer de energietoevoer groter is dan het verbruik, zal de extra energie worden opgeslagen als vet. Wanneer er te weinig energie wordt opgenomen, dan vult het lichaam het tekort aan door de opgeslagen energie aan te boren en het vet te verbranden.

AANDACHTSPUNT

Als de hoeveelheid energie die het lichaam toegevoerd krijgt in de vorm van eten gelijk is aan de hoeveelheid die eruit gaat middels activiteiten en oefeningen, is er sprake van energiebalans.

Natuurlijk, een van de manieren om gewicht kwijt te raken is gewoon minder eten. Dat heeft echter een aantal nadelen voor de regelmatige oefeningen. Ten eerste is het veel moeilijker om een voldoende hoeveelheid voedingsmiddelen binnen te krijgen, ten tweede gaat er ook ander weefsel dan vet verloren, vooral bij extreme diëten. Bij het begin van een dieet ontstaat 70% van het gewichtsverlies door het kwijtraken van vocht (*zie* fig. 29), maar tegen de tijd dat iemand twee weken een dieet gevolgd heeft, is dat ongeveer 20% geworden. Het vetverlies neemt toe naarmate het dieet langer wordt volgehouden, veranderend van 25% van het totale gewichtsverlies in de eerste dagen tot ongeveer 70% na twee weken. Het eiwitverlies neemt in dezelfde tijdspanne toe van 5 tot 15%.

Een betere manier dan een sneldieet is echter het verbeteren van de algehele kwaliteit van de voeding. Het is niet alleen de hoeveelheid voedsel, maar ook het soort voedsel dat belangrijk is. Levensmiddelen met een hoge energiewaarde (met veel kilocalorieën dus, vooral vet en alcohol) moeten worden beperkt en worden vervangen door eenzelfde soort levensmiddelen met minder kilocalorieën. De totale hoeveelheid voedsel kan hetzelfde blijven. Het is belangrijk koolhydraatrijke voedingsmiddelen niet te veel te beperken, omdat die zowel energie voor training als de noodzakelijke hoeveelheid vezels leveren. Het is veel belangrijker om voedingsmiddelen met een hoog vetgehalte te beperken en een dieet te kiezen van weinig vet en veel koolhydraten.

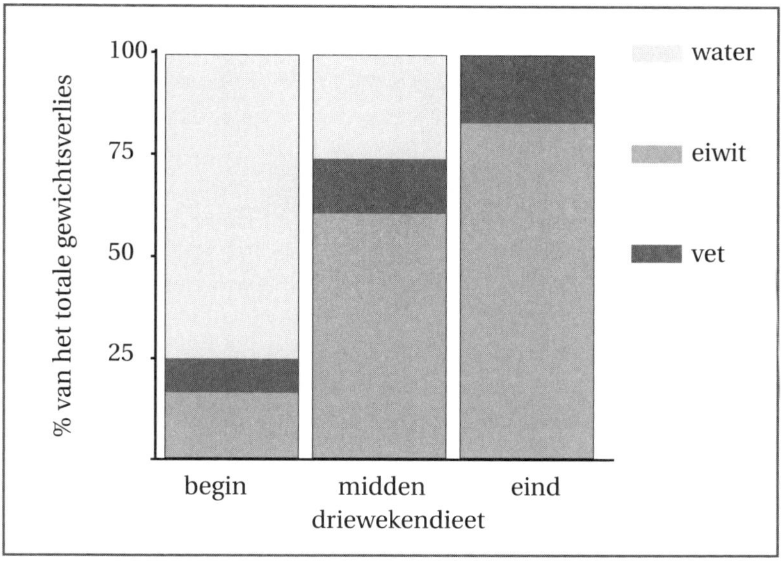

Fig. 29 Relatieve bijdrage van water, eiwit en vet aan het totale gewichtsverlies tijdens een driewekendieet

Het is heel belangrijk alcohol, fastfood als frietjes, chips en tussendoortjes als chocolade, te beperken, omdat die veel vet bevatten. Snijd alle zichtbare vet af en grilleer voedsel liever dan het te bakken. Gebruik voedsel dat minder geraffineerd is, zoals volkorenbrood en granen, en haal uw energie bij voorkeur uit zetmeelrijk voedsel als aardappelen en pasta in plaats van uit zoetigheid.

Kan lichaamsbeweging helpen om af te vallen?

Er doen allerlei verhalen de ronde over oefeningen en gewichtsverlies, waaraan we hier een eind willen maken. Vaak wordt gezegd dat wie oefeningen doet, meer eetlust krijgt en dat dus ook het gewicht zal toenemen. Dat is niet zo. Regelmatig oefenen helpt om het voedingscontrolemechanisme opnieuw in te stellen. Onderzoek heeft aangetoond dat mensen die regelmatig oefeningen doen een grotere kans hebben om de hoeveelheid voedsel die ze willen eten in overeenstemming te brengen met wat hun lichaam echt nodig heeft. Dat is vooral belangrijk bij kinderen. Wetenschappelijk onderzoek heeft herhaaldelijk aangetoond dat inactieve kinderen in het latere leven veel meer kans hebben op overgewicht.

Een tweede mythe betreft de mogelijkheid vet te verbranden door het doen van oefeningen. Er zijn mensen die zeggen dat je elke dag oefeningen moet doen om de pondjes te verbranden die eraf moeten. U zult echter 10 uur hout moeten hakken of 32 uur moeten volleyballen om een pond lichaamsgewicht kwijt te raken! Dit soort argumenten houdt echter geen rekening met de regelmaat van de oefeningen. Hoewel er maar heel weinig kilocalorieën verbrand worden in elke training, is het cumulatieve effect geweldig. Als u bijvoorbeeld twee uur zou golfen, zou het vier tot vijf weken duren voordat u een pond vet verbrand zou hebben. Maar als u het hele jaar door elke week zou spelen, zou u in het totaal meer dan 6 kg (bijna een steen) verbranden: een indrukwekkende hoeveelheid!

Oefening, samen met een goed dieet, is de beste manier om permanent gewicht te verliezen. Zoals gezegd helpen oefeningen om het voedingscontrolesysteem opnieuw in te stellen; en het verlangen om te veel te eten wordt daarmee beperkt. Ten tweede vergroot het doen van oefeningen de stofwisselingssnelheid (het stationair draaien van het lichaam) zodat er ook na de training nog altijd energie verbrand wordt. Een half uur trainen bijvoorbeeld verbrandt nog drie of vier uur later kilocalorieën. Uiteraard zal trainen het gewicht niet alleen verminderen, maar ook de spiermassa vergroten en enorm bijdragen aan de algehele verbetering van de fysieke verschijning.

AANDACHTSPUNT

Regelmatig trainen is heel belangrijk voor een effectief, langdurig gewichtsverlies.

Lichaamsvorm of -type

Mensen vergelijken zichzelf vaak met anderen om vast te stellen of ze tevreden zijn over hun lichaam. Zijn ze te groot of te klein, te dik of te dun? Is hun taille goed? Zijn hun heupen te breed? Hoewel dat begrijpelijk is, is het een feit dat we allemaal een andere lichaamsvorm hebben. Met andere woorden: het lichaam is uniek en de enige manier om te beoordelen of de vorm goed is, is kijken waardoor u zich prettig voelt en wat goed is voor u.

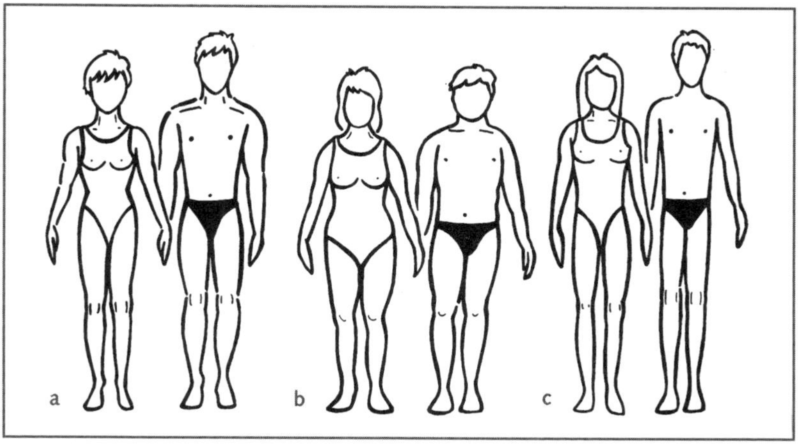

Fig. 30 Lichaamsvormen: (a) gespierd (mesomorf), (b) rond (endomorf), (c) strak (ectomorf)

De vorm van het menselijk lichaam kan worden ingedeeld in drie basistypen (*zie* fig. 30). Het eerste type is hoekig (mesomorf). Deze lichaamsvorm is vaak gespierd met een typisch Tarzan-uiterlijk: brede schouders en een smalle taille. Deze mensen hebben vaak grote botten en goed ontwikkelde spieren. Het tweede type is wat ronder (endomorf). Deze mensen hebben een glad, zacht silhouet met een peervormig uiterlijk. De taille en de borst zijn vaak ongeveer even groot en er zit vet op de bovenarmen en de dijen, maar ook rond de taille. Het derde type is lineair (ectomorf) en wordt voorgesteld door de kenmerkende bonenstaak. Deze mensen zijn vaak lang en fragiel, en hebben lange armen en benen. Hun spieren zijn lang en dun en ze hebben een pezig uiterlijk.

In de praktijk komt het erop neer dat we allemaal een mengeling van deze drie uitersten zijn. De proporties van elke lichaamsvorm zullen echter uw vorm bepalen en u kunt weinig doen om dat helemaal te veranderen.

Neem bijvoorbeeld een jong meisje met een ronde, corpulente lichaamsbouw. Ze ziet in tijdschriften modellen die lang en dun zijn en lange, fragiele ledematen hebben. Omdat ze haar uiterlijk wil veranderen, sluit ze zich aan bij een aerobicgroep en begint te lijnen. Aanvankelijk verliest ze gewicht, maar ze voelt zich ongelukkig omdat ze ziet dat ze niet bereikt wat ze wil. Ze is in prima conditie, haar spieren zijn heel stevig, maar ze lijkt niet op de modellen uit de tijdschriften. Waarom? Niet omdat ze niet hard genoeg gewerkt heeft, maar omdat ze een andere lichaamsvorm heeft. Ze is een mengeling van het ronde (endomorfe) en het hoekige (ectomorfe) type. Dit meisje heeft nu wel een goede conditie en spiermassa. Ze zou blij, energiek en zorgeloos door het leven moeten gaan, maar ze is juist depressief en verlegen, omdat ze de lichaamsvorm waarmee ze geboren is, wil veranderen. Dat is onmogelijk. Het is beter om de best mogelijke vorm voor het lichaam te bereiken dan iemand anders te willen zijn!

AANDACHTSPUNT

Het lichaam verenigt drie dingen in zich: dik zijn, mager zijn en gespierd zijn. De combinatie van deze drie factoren is aangeboren en bepaalt uw lichaamsvorm.

Samenvattend

- Lichaamsvet is belangrijker dan lichaamsgewicht. Dat omvat spieren, botten, weefsel en vocht, maar ook vet.
- Het voedingscontrolesysteem in de hersenen probeert de hoeveelheid energie die u als voedsel opneemt, aan te passen aan de hoeveelheid die u verbrandt door fysieke activiteit.
- Zetmeel en suikers leveren veel energie en worden koolhydraten genoemd. Vet is een opslagplaats voor energie en bevat veel kilocalorieën.
- De stofwisselingssnelheid is de stationaire motor van uw lichaam. Lichaamsbeweging doet deze toenemen, activeert uw voedingscontrolesysteem en vergroot de spiermassa.
- U kunt uw lichaamsvorm, waarmee u geboren bent, niet veranderen.

Normale buikspier-oefeningen

Een van de doelen van het programma is om de gebruikelijke buikspieroefeningen te verbeteren en daarmee de oefeningen voor dit deel van het lichaam zowel veiliger als effectiever te maken. Om dit doel te kunnen bereiken, moeten we als eerste eens wat nader kijken naar een aantal oefeningen die meestal worden gedaan en bekijken waar deze precies verkeerd gaan. Hoewel vele van die oefeningen al vele jaren in talloze gymnastieklessen zijn gedaan, is er immers nog altijd verbetering mogelijk.

De sit-up

De sit-up is vaak de eerste oefening die wordt aangegrepen wanneer de buikspieren getraind moeten worden. Helaas zijn aan deze oefening een aantal gevaren verbonden, vooral voor de wervelkolom. Als we weten wat er met het lichaam gebeurt tijdens deze oefening, kunnen we het gevaar aanzienlijk verminderen.

Ga voor deze oefening plat op uw rug liggen. Zodra u uw hoofd van de grond licht, gaan de buikspieren aan het werk. Dat komt omdat de spieren die de nek optillen, aan de ribbenkast trekken. Om de ribben niet langer te laten bewegen en stevig vast te houden, moeten de buikspieren aantrekken. Gaandeweg de oefening tilt u uw romp van de grond. Hiervoor moeten uw benen blijven liggen. Omdat de benen echter lichter zijn dan de romp, bent u altijd geneigd de benen op te tillen, tenzij de romp gekromd is. Door de romp te krommen wordt het hefboomeffect verminderd en de romp lichter.

Een voorbeeld van dit mechanisme ziet u in fig. 31. Twee jongens zitten op een wip. De rechter weegt 22 kg, maar de linker is zwaarder en weegt 27 kg. De wip is op dat moment in evenwicht, maar als de lichtere jongen de zwaardere jongen omhoog wil krijgen, moet de zwaardere jongen dichter bij het steunpunt gaan zitten. Hierdoor wordt het hefboomeffect verminderd, en dat kan worden gezien als hem lichter maken.

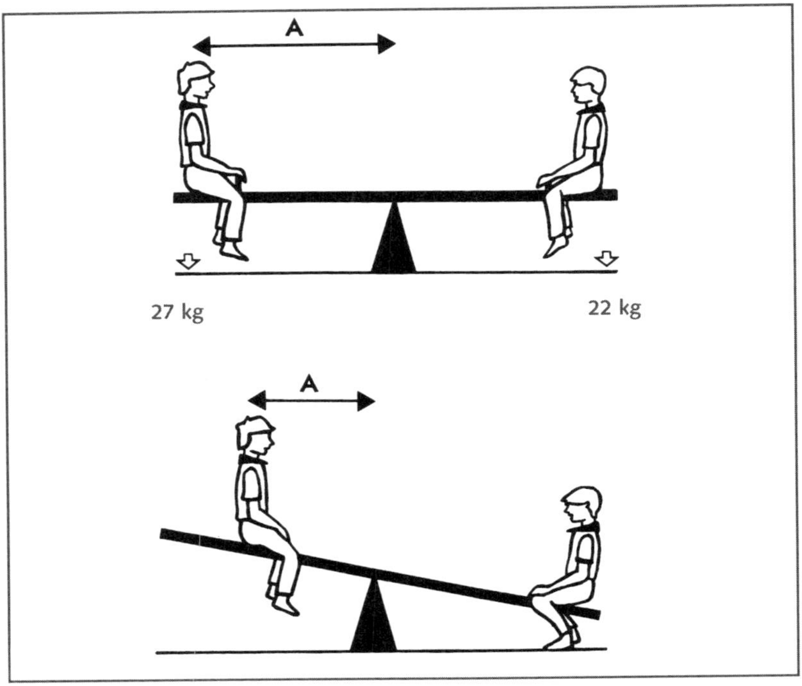

Fig. 31 Hefboom: 'A' is de lengte van de hefboom die de zwaarste jongen gebruikt.

Datzelfde principe is van toepassing op de sit-up. Als de romp omhoog moet in plaats van de benen, moet het hefboomeffect op de romp worden verminderd. Hiervoor moet de romp krommen zodat het gewicht dichter bij de heup ligt, die als steunpunt fungeert in deze oefe-

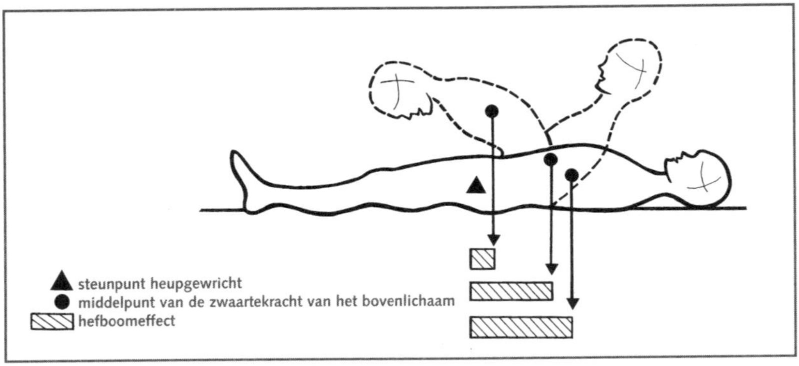

Fig. 32 Het hefboomeffect veranderen bij een sit-up

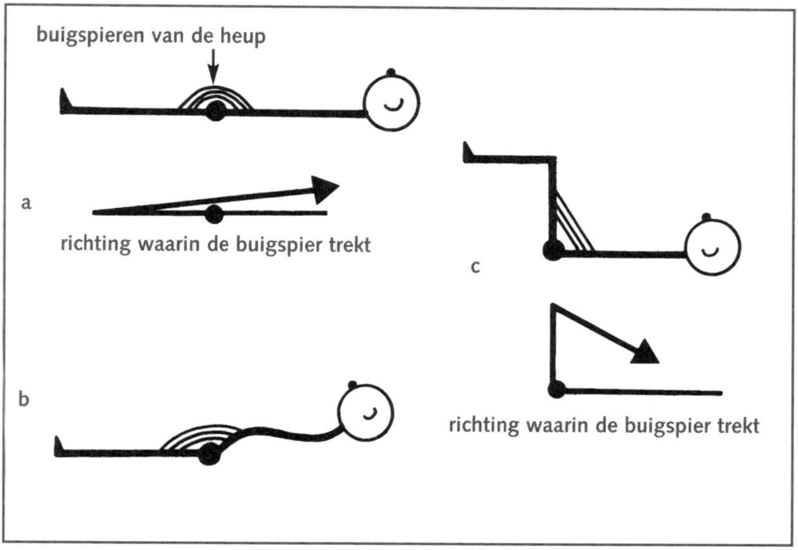

Fig. 33 (a) In liggende positie trekken de buigspieren van de heup parallel aan de wervelkolom waarbij ze een licht tillend effect hebben, maar een maximale compressie op de wervelkolom, (b) als de buigspieren van de heup trekken, kunnen ze de wervelkolom krommen, (c) door de knieën te buigen wordt de compressie op de wervelkolom verminderd.

ning (*zie* fig. 32). Als u uw romp voldoende kunt krommen, zult u ook overeind kunnen gaan zitten. Zijn uw buikspieren echter te slap of te lang, dan zal uw romp niet voldoende buigen om het hefboomeffect te verminderen. Uw romp zal dan op de grond blijven en uw benen zullen in plaats daarvan omhooggaan.

De buikspieren doen de romp krommen, maar het omhoogkomen waarbij de romp van de grond wordt weggetrokken, wordt uitgevoerd door de buigspieren van de heup. Die zullen hard aan de wervelkolom trekken om ze op te trekken. Als de benen recht liggen, liggen de heupflexorspieren vrijwel parallel aan de wervelkolom (*zie* fig. 33a). De spieren vinden het heel moeilijk om de wervelkolom vanuit deze positie omhoog te trekken en trekken in plaats daarvan de lendenwervels tot een boog (*zie* fig. 33b). Als de knieën en de heupen gebogen zijn (*zie* fig. 33c), worden de buigspieren van de heup omhooggetild en kunnen ze de wervelkolom gemakkelijker bewegen, waardoor er minder compressie ontstaat. Door de heup te buigen wordt de druk op de lendenwervels dus beduidend minder.

AANDACHTSPUNT

Door de benen te buigen bij een sit-up worden de ongewenste krachten op de lendenwervels minder.

Hierbij moet benadrukt worden dat de druk die op de wervelkolom wordt uitgeoefend door de inspanning van de buigspieren van de heup zich alleen voordoet omdat de romp van de grond wordt getild. Het optillen van de romp in plaats van deze gewoon te kantelen, vermindert het werk van de buikspieren niet wezenlijk en het is echt onnodig als het gaat om training van de buikspieren. Als de romp op de grond blijft en de buikspieren alleen worden gebruikt om de romp te buigen, wordt het effect op de lendenwervels ook weer verminderd en is de oefening wel zonder risico. Dat is de reden waarom in dit programma altijd de sit-up met gekanteld bekken wordt gedaan: het is veel effectiever en veel veiliger.

Door de voeten tijdens de sit-up te fixeren, zorgt u ervoor dat u harder met de buigspieren van de heup moet trekken. Dit kan dan weer de druk op de wervelkolom vergroten en ervoor zorgen dat u overeind kunt komen zonder de wervelkolom te moeten krommen. Het effect is dan dat het werk van de buigspieren van de heup wordt verzwaard, maar het werk van de buikspieren wordt vereenvoudigd, precies het tegenovergestelde van wat we met deze oefening willen bereiken. Bij de basisoefeningen voor de buikspieren worden in dit programma de voeten niet gefixeerd.

Door de kromming bij de sit-up te vergroten, verandert het hefboomeffect op de wervelkolom (*zie* fig. 34). In een normale sit-up (*zie* fig. 34a), die vanaf de grond wordt gedaan, is de hefboomwerking op de romp maximaal aan het begin van de oefening. Wanneer de romp omhoogkomt, vermindert de hefboomkracht.

Als we de kromming van de sit-up enigszins hellen (*zie* fig. 34b), wordt het hefboomeffect minder bij het begin van de beweging, maar neemt toe tot maximaal ongeveer halverwege de oefening, als het lichaam in de horizontale stand komt. Als de romp nog verder omhoogkomt, beweegt ze van de horizontale stand vandaan en vermindert de hefboomkracht weer. Door de kromming te hellen wordt de oefening dus moeilijker.

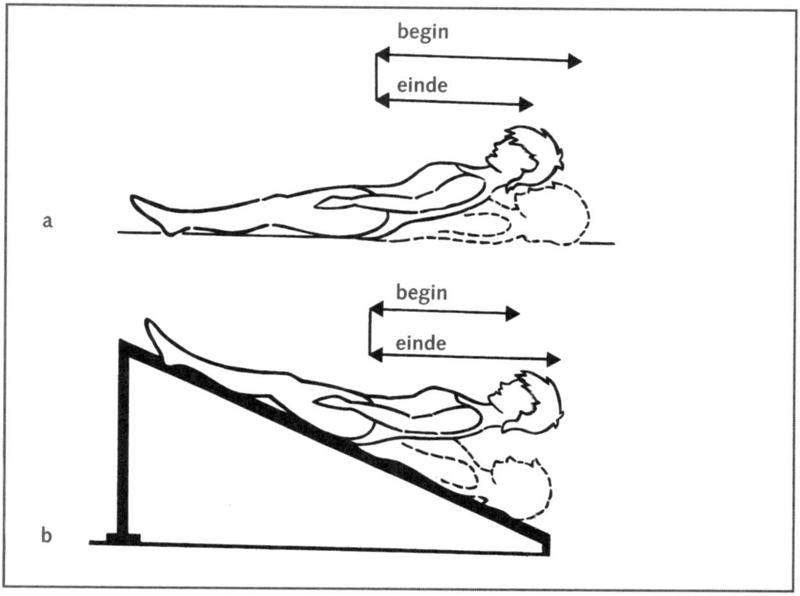

Fig. 34 De hellende sit-up: (a) het hefboomeffect vermindert als de beweging aanhoudt, (b) het hefboomeffect neemt toe naar het midden van de oefening.

Been optillen

Het omhoogbrengen van de benen kan in sommige opzichten worden beschouwd als het omgekeerde van de sit-up. Bij deze oefening blijft de romp op de grond en worden de benen opgetild. De beweging wordt puur door de buigspieren van de heup gedaan. Ze trekken de benen van de grond. Ook hier weer liggen de buigspieren van de heup parallel met de wervelkolom en zullen ze daarom de neiging hebben de lendenwervels te krommen, waardoor krachten ontstaan die groot genoeg zijn om ernstige schade toe te brengen.

Het probleem doet zich voor omdat de buigspieren van de heup zowel aan de lendenwervels als aan het bekken vastzitten. Als ze aanspannen, zullen ze het bekken achterover doen kantelen en de lendenwervels uit lijn trekken. Normaalgesproken zullen de buikspieren samentrekken om die ongewenste beweging te voorkomen (*zie* fig. 35). Als ze echter te slap zijn, zullen de buikspieren daar niet toe in staat zijn en zal het bekken kantelen, waarbij spanning op de lendenwervels komt te staan (*zie* fig. 35b).

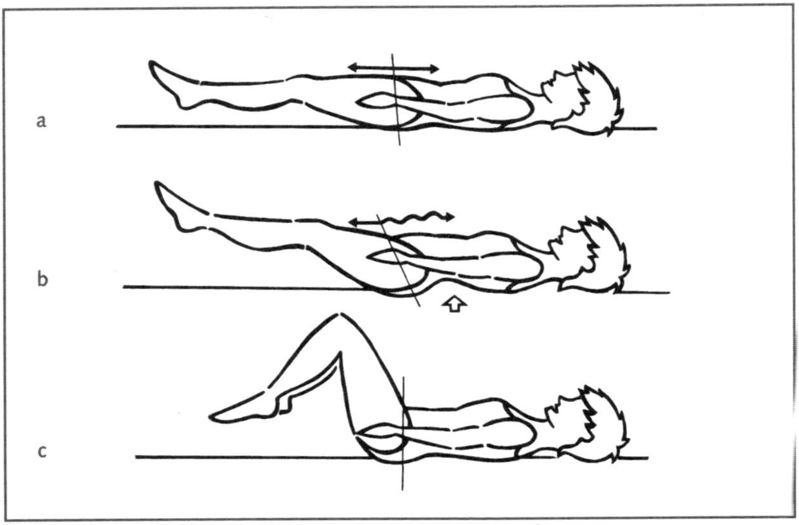

Fig. 35 Benen optillen: (a) als de buigspieren van de heup aan het bekken trekken, voorkomen de buikspieren dat het bekken kantelt, (b) als de buikspieren te slap zijn, kantelt het bekken naar voren, waarbij de lendenwervels hol worden omdat de benen worden opgetild, (c) door de knieën te buigen, wordt het hefboomeffect verminderd.

Het probleem kan veel kleiner worden als de benen worden gebogen om het hefboomeffect te verminderen (*zie* fig. 35c). Het verminderde hefboomeffect betekent dat de buikspieren niet zo hard hoeven te werken om het bekken en de lendenwervels op hun plaats te houden. Als ze slap zijn, zullen de buikspieren misschien alleen het bekken kunnen stilhouden tegen het verminderde hefboomeffect van de gebogen benen. Daarbij kunnen de buigspieren van de heup, als de heupen tenminste gebogen zijn, nu wel in een hoek trekken en niet parallel aan de wervelkolom. Ze zullen daarom de wervelkolom minder samendrukken en effectiever de heupbeweging kunnen maken.

De hefboomkrachten op de benen zijn het grootst als de benen horizontaal liggen. Tijdens deze oefening mogen de benen daarom niet horizontaal liggen. Voer de oefening uit tegen een muur, met de benen om te beginnen verticaal. Gaan de benen naar beneden, dan moet het bekken stilgehouden worden. Als het gaat kantelen, moet de oefening gestopt worden, omdat de buikspieren niet in staat zijn het bekken stabiel te houden. Op dit punt worden de benen tegen de muur gelegd om het gewicht van de wervelkolom weg te halen. Het gaat er nu om dat de benen verticaal tegen de wand gelegd worden en niet zozeer dat ze van de grond getild worden.

Zowel voor deze oefening als voor de sit-up geldt dat de buigspieren van de heup primair werken en de buikspieren de wervelkolom op zijn plaats houden. Als we de buikspieren harder willen laten werken, moet de hefbeweging afgezwakt worden, zodat de wervelkolom buigt en het stuitbeen van de grond komt. Deze oefening is het optillen van het bekken, ook wel de omgekeerde crunch genoemd, en wordt beschreven op blz. 128 als essentieel onderdeel van het programma.

AANDACHTSPUNT

Laat de benen niet in horizontale stand gaan wanneer u ze heft.

De crunch

De crunch is een variant op de gewone sit-up, die van oudsher werd gebruikt door professionele bodybuilders. Als zodanig is het een intensieve oefening en niet geschikt voor beginnelingen.

Voor deze oefening gaat u op uw rug op de grond liggen. De knieën en heupen worden gebogen tot 90° en de kuiten worden op een bank of een stoel gelegd. Vanuit deze stand wordt een sit-up gedaan, waarbij het hoofd naar de knieën wordt gebracht.

De oefening begint net als de sit-up, waarbij de buikspieren het werk doen. Omdat het bekken op zijn plaats blijft, ligt de nadruk bij deze oefening op de bovenste buikspieren. Omdat de wervelkolom maximaal buigt, bereikt u een punt waarop u van de grond moet loskomen. Dit lukt lichtere mensen misschien niet, maar iemand met zwaardere benen zal deze beweging wel kunnen maken. Door deze oefening uit te voeren met gefixeerde benen zult u uw voeten naar het fixatiepunt kunnen trekken. Als dat gebeurt, trekken de buigspieren van de heup hard om de wervelkolom van de grond los te maken.

Als de beweging wordt uitgevoerd met een draai, zullen de schuine buikspieren harder moeten werken, maar de rechte buikspier (rectus abdominus) zal ook hard moeten werken.

Hoewel het een nuttige oefening is, omdat ze sterk de nadruk legt op de bovenste buikspieren, moet deze afgewisseld worden door het bekken te kantelen om het onderste deel van de spieren te laten werken. Als dat niet gebeurt, zal er een onevenwicht ontstaan tussen de onderste en de bovenste buikspieren; een situatie die zou kunnen leiden tot rugpijn.

De crunch is niet geschikt voor mensen die rugpijn hebben of mensen die lichte training moeten doen. De oefening is opgenomen in het oefenprogramma voor gevorderden, waarbij de voeten niet worden gefixeerd om de spanning op de lendenwervels te beperken. In het programma wordt de oefening afgewisseld met de bekkenkanteling.

AANDACHTSPUNT

De crunch is een oefening voor gevorderden die alleen mag worden gedaan nadat de buikspieren al enigszins verstevigd zijn door andere oefeningen. De crunch is gericht op het bovenste deel van de buik en moet worden afgewisseld met bewegingen waarbij de nadruk ligt op de onderste buikspieren, zoals de bekkenkanteling.

De knie optillen (buigspieren van de heup)

Er bestaat een toestel om de buigspieren van de heup te trainen, dat vaak wordt gebruikt bij training om gewicht kwijt te raken in commerciële sportscholen. Het toestel bestaat uit een rugkussen en twee gootvormige kussens om de onderarmen in te zetten.

U drukt zichzelf op in het toestel met uw ellebogen in een hoek van 90° en de onderarmen in de gootvormige kussens (*zie* fig. 36). De onderrug wordt tegen het rugkussen geduwd. Vanuit deze stand tilt u uw benen op en houdt ze recht in horizontale stand, waarna u ze weer laat zakken.

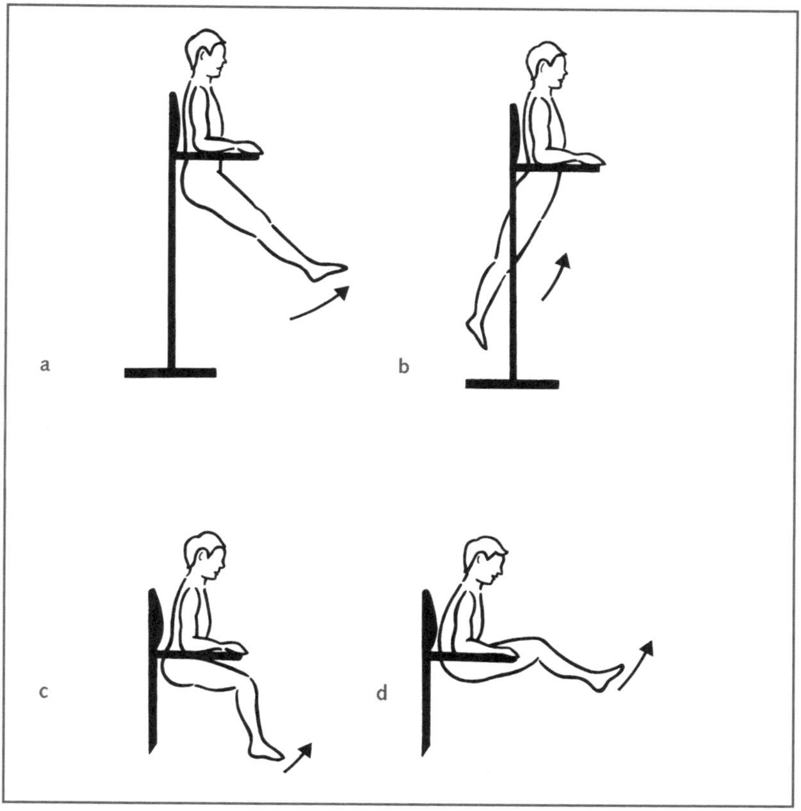

Fig. 36 De knie optillen: (a) de buikspieren zullen bij het begin van de oefening het bekken stevig houden, (b) als de benen achterwaarts zwaaien, zal de onderrug te hol worden (hyperextensie), (c) knieën en heupen vormen een hoek van 90°, (d) de romp spant aan om de benen te strekken.

Als de benen omhooggaan, zijn de buigspieren van de heup aan het werk. Om de wervelkolom en het bekken te stabiliseren, spannen de buikspieren aan. Alleen als de wervelkolom gaat krommen als de benen bijna in horizontale positie zijn, werken de buikspieren om de wervelkolom daadwerkelijk te buigen. Hoewel de oefening moeilijk lijkt, wordt het grootste deel van het werk gedaan vanuit de buigspieren van de heup, waarbij de buikspieren maar heel weinig aan het werk gezet worden.

Een van de grootste problemen bij deze oefening komt voort uit de lengte van de hamstrings aan de achterkant van de dij. Bij veel mensen zijn deze spieren heel kort. Als dit het geval is, zult u uw benen niet kunnen optillen zonder de knieën te buigen. Als u uw knieën probeert recht te houden, zullen de hamstrings aan het bekken trekken en er zo voor zorgen dat de lendenwervels krommen. Dit kan spanning op de wervelkolom veroorzaken.

Een tweede punt van bezorgdheid betreft de hoeveelheid vaart. Omdat sommige mensen de oefening moeilijk vinden, hebben ze de neiging om met de benen te zwaaien om de beweging te ondersteunen. Als dat gebeurt, wordt de vaart waarmee de zware benen snel bewegen, onbeheersbaar. Als de benen naar beneden gaan, zwaaien ze achterover waarbij ze de rug tot hyperextensie (*zie* fig. 36b) dwingen en enorme spanning op de wervelkolom leggen.

De oefening van de buigspieren van de heup kan met enige aanpassingen veiliger en effectiever worden. Ten eerste moeten de knieën gebogen zijn om de hamstrings te ontspannen en zo de spanning op de lendenwervels te verminderen. Doordat de knieën gebogen zijn, vermindert het hefboomeffect en wordt de oefening beter beheersbaar. Als de knieën in een hoek van 90° stilgehouden worden, kan de romp daarbij worden gebogen om het stuitbeen van het kussen weg te trekken (*zie* fig. 36c). Hierdoor wordt de nadruk op de buikspieren gelegd, waardoor de oefening effectiever wordt. Ten tweede moet er beslist niet met de benen gezwaaid worden. Als u de benen laat zakken, dient u ze wel onder controle te hebben. Probeer de basispositie voordat u uw benen weer optilt. Op die manier wordt de vaart afgekapt en wordt de rug niet in een onnatuurlijke positie gedwongen.

AANDACHTSPUNT

Het optillen van de knieën kan spanning op de lendenwervels opleveren als de oefening wordt uitgevoerd met een zwaaiende beweging. Houd de beweging te allen tijde onder controle, vooral wanneer u de benen laat zakken.

Risico's bij rompoefeningen

Meer dan enig ander punt in het lichaam is de rug gevoelig voor blessures door verkeerde oefeningen. Om letsel te voorkomen is enige basiskennis vereist.

Hefboomwerking

Bij beweging fungeren de ledematen en de wervelkolom als hefboom. Een hefboom is gewoon een onwrikbare staaf die beweegt rond een vast punt of een vaste spil. Twee krachten werken op de hefboom: inspanning en weerstand. De inspanning probeert de hefboom te bewegen, terwijl de weerstand probeert de beweging te stoppen. In het lichaam wordt de inspanning geleverd door de spieren, terwijl het gewicht van het lichaamsdeel de weerstand is. Neem als voorbeeld het optillen van een been in liggende positie. De spil is het heupgewricht, de inspanning wordt geleverd door de buigspieren van de heup die het been optillen, en de weerstand is het gewicht van het gehele been. De inspanning van de spieren werkt op het punt waar de spieren aan het dijbeen vastzitten (*zie* fig. 37b).

We zeggen dat het gewicht werkt door één enkel punt, dat de zwaartekracht wordt genoemd. Dit is het evenwichtspunt van de ledematen en zou het middelpunt ervan zijn als de arm of het been overal dezelfde afmeting zou hebben. Omdat het been bovenaan echter dikker is, ligt het zwaartepunt naar het zwaardere gedeelte toe.

De hefboomwerking is groter als er een lange horizontale afstand is tussen het spilpunt en het punt waar het gewicht of de inspanning werkt. In het hiervoor genoemde voorbeeld is de hefboomwerking het grootst als het been eerst van de grond loskomt, omdat het dicht bij de horizontale stand ligt. Wanneer het been omhooggaat, beweegt het weg van de horizontale stand en dus vermindert de hefboomwerking, waardoor de beweging in feite gemakkelijker wordt. In fig. 37c staat de persoon rechtop met de benen in verticale positie. De hefboomwerking is in het begin minimaal. Als het been echter omhooggaat, beweegt het

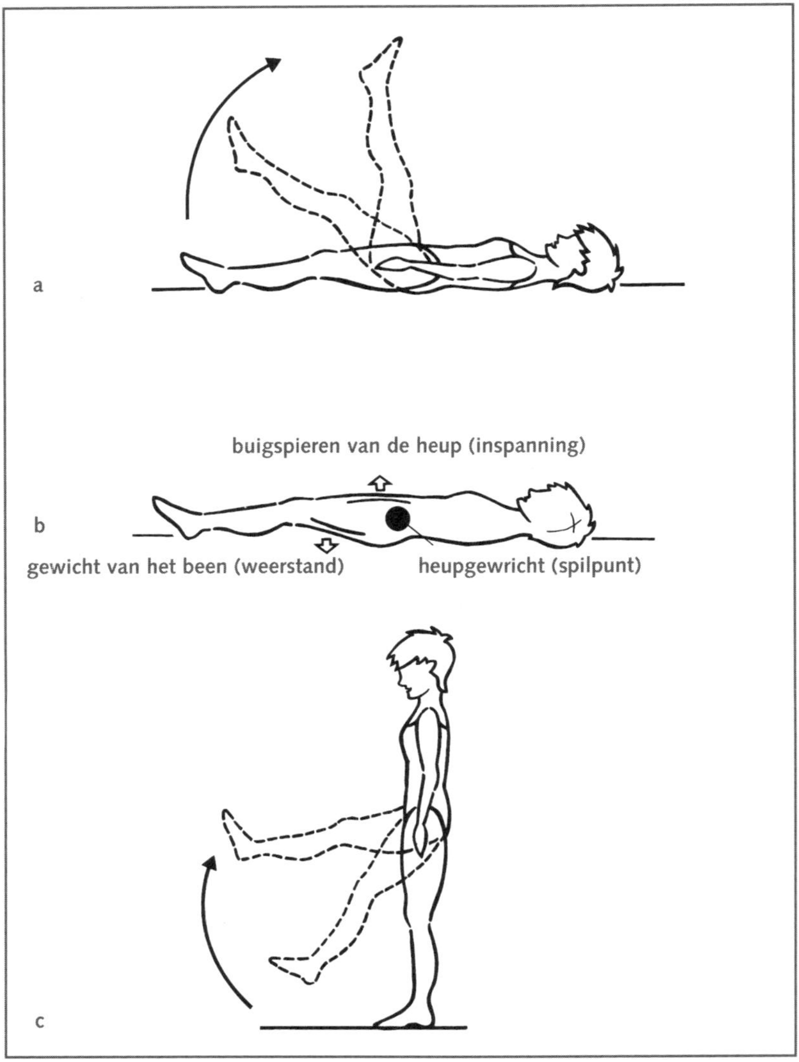

Fig. 37 Hefboomwerking: (a) verminderde hefboomwerking, (b) het been als hefboom, (c) de hefboomwerking neemt toe.

naar de horizontale stand en dus neemt de hefboomwerking toe. Dit is de omgekeerde situatie van fig. 37a en de oefening wordt langzamerhand zwaarder. Hoewel bij beide oefeningen het rechte been gebogen wordt, verandert de beginpositie van de oefening het effect ervan aanzienlijk.

Aandachtspunt

De hefboomwerking is het grootst wanneer de hefboom in horizontale stand staat.

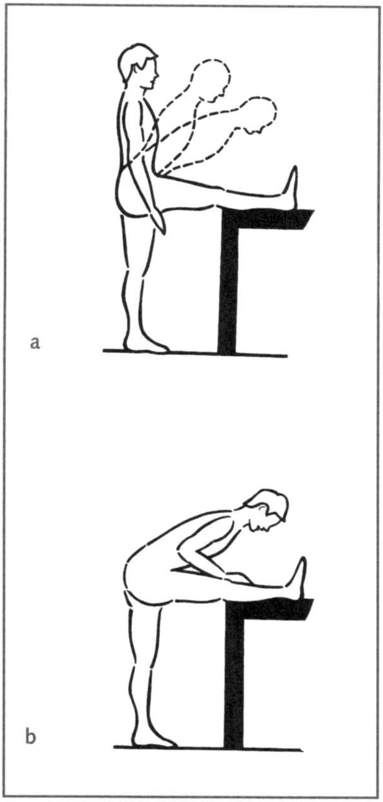

Fig. 38 Het lichaam ondersteunen als de hefboomwerking groot is: (a) de wervelkolom beweegt naar horizontaal, de hefboomwerking neemt toe, (b) lichaamsgewicht wordt door de arm gevoerd naar het punt van maximale hefboomwerking.

Dit voorbeeld heeft belangrijke gevolgen met het oog op de veiligheid van de wervelkolom. Oefeningen die de wervelkolom in horizontale stand laten bewegen, vragen veel hefboomwerking van de wervelkolom en moeten met omzichtigheid worden uitgevoerd. Vaak zal een iets andere uitgangspositie de horizontale positie van de wervelkolom veranderen en dus de spanning op de lendenwervels verminderen. Waar een horizontale positie moet worden gebruikt, moet de wervelkolom ondersteund worden. Als voorbeeld voor dit proces kijken we naar de gewone stretch voor de hamstrings aan de achterkant van de dijbenen. In fig. 38a strekt iemand de hamstrings door de romp vanuit de heup naar voren te buigen. Dit geeft extreem veel hefboomwerking op de wervelkolom, omdat de beweging wordt uitgevoerd vanuit verticale positie (minimale hefboomwerking) naar een meer horizontale positie (maximale hefboomwerking). Door gewoon een hand op de knie te leggen, wordt de wervelkolom ondersteund en de spanning verminderd (*zie* fig. 38b).

AANDACHTSPUNT

Als u bij een oefening de wervelkolom niet verticaal kunt houden, leg dan uw hand ergens op voor ondersteuning.

Welk deel van het lichaam beweegt?

Vaak wekt een snelle blik op een oefening de indruk dat een speciaal deel van het lichaam beweegt. Bij nader beschouwen is echter duidelijk dat andere lichaamsdelen ook bewegen en dat daarvoor meer inspanning nodig is dan was bedoeld. Dat is vooral het geval als het bekken beweegt ten opzichte van de wervelkolom of de heup. Neem als voorbeeld het strekken van de dijspieren (*zie* fig. 39). De persoon staat rechtop en heeft zijn enkel vastgepakt. Hierdoor wordt de heup naar achteren getrokken en proberen de dijbeenspieren tegelijkertijd de buiging van de knie te vergroten. Op het eerste gezicht lijkt het een oe-

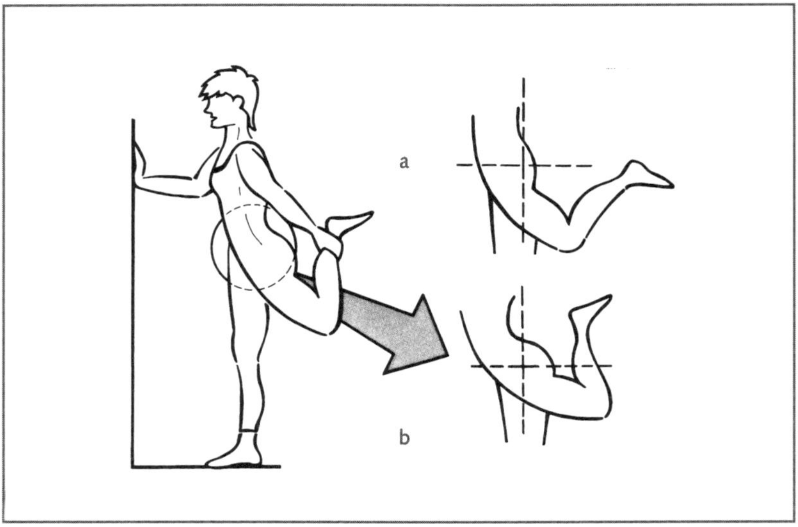

Fig. 39 (a) Normale bekkenkanteling waarbij de lendenwervels op één lijn staan, (b) bekken beweegt sterk, waardoor de lendenwervels hol trekken: het been gaat hoger, maar de techniek is verkeerd.

fening die gewoon de dijspieren laat strekken. Als we wat beter kijken, zien we dat het bekken voorwaarts kantelt en de spanning nu op de wervelkolom ligt. In dit geval is de wervelkolom soepeler dan de aangespannen dijspieren; dus hoe meer er wordt gestrekt, des te meer spanning er op de wervelkolom komt te staan.

In fig. 40 proberen de personen hun tenen aan te raken door de hamstrings te strekken (achter de dij). De persoon in fig. 40b lijkt verder te komen, omdat hij dichter bij zijn tenen komt. Kijken we echter naar de lijn van het bekken, dan zijn beide personen exact even ver gebogen. De extra beweging in fig. 40b wordt veroorzaakt door de bovenrug verder te buigen. Ook hier geldt, dat dit deel van het lichaam meestal soepeler is dan de hamstrings. Omdat de beweging verder en verder wordt geduwd, zullen de hamstrings niet meer gestrekt worden, maar neemt de spanning op het bovenste deel van de wervelkolom toe.

Fig. 40 (a) Normale beweging, (b) overmatige beweging van het bovenste deel van de wervelkolom

AANDACHTSPUNT

Door naar het bekken te kijken ontstaat een belangrijke indicatie van de stand van de lendenwervels.

Vaart

De vaart (massa maal snelheid) is een combinatie van hoe zwaar een voorwerp is en hoe snel het beweegt. Een zwaar voorwerp zoals het been of de romp, dat snel beweegt, zal een grote vaart hebben en heel moeilijk te stoppen zijn. Dan kan de beweging de vaart overnemen en u zult ontdekken dat u dat lichaamsdeel niet langer kunt beheersen. Op dat moment kan letsel ontstaan.

Er zijn twee manieren om dit soort oefening veiliger te maken. Ten eerste kunt u de vaart verminderen door de beweging te vertragen wanneer zware lichaamsdelen worden gebruikt. In het programma zijn alle bewegingen van de romp in het begin langzaam. Alleen als we een oefening behoorlijk beheersen, kan de snelheid verhoogd worden.

De tweede manier om een beweging veiliger te maken als ze snel is, is er zeker van te zijn dat de beweging alleen in het midden van de bewegingsomvang plaatsvindt. De bewegingsomvang is de totale beweging van het ene uiterste tot het andere (*zie* blz. 17). In het geval van de knie zou dat zijn van volledig buigen tot volledig recht. Als een beweging snel is, moeten we de beweging beperken tot het middelste deel, zodat het gewricht nooit geheel gebogen of geheel recht is. Op die manier beperken we de kans op letsel aan het gewrichtsweefsel door te ver strekken.

AANDACHTSPUNT

Voer bewegingen langzaam en beheerst uit. Gebruik het midden van de totale bewegingsomvang van een gewricht vaker dan het einde.

Buitensporige kromming van de lendenwervels

We hebben al eerder gezien dat de bekkenkanteling heel nauw verbonden is met de kromming van de lendenwervels. Door het bekken naar voren te kantelen, wordt de kromming van de lendenwervels vergroot, terwijl die bij de beweging naar achteren vlakker wordt. Een van de doelen van het oefenprogramma is om iemand de neutrale stand van de wervelkolom te laten ervaren, waarbij het bekken recht staat, en die stand vast te houden bij het doen van andere bewegingen.

Als het bekken te ver kan kantelen, zullen de lendenwervels tot hun eindpunt gaan. Op dat punt staan de tussenwervelschijf, de facetgewrichten van de wervelkolom en het lendenweefsel allemaal bovenmatig onder spanning. Als de kromming wordt versterkt, zullen de facetgewrichten tegen elkaar drukken, terwijl afvlakken van de kromming de tussenwervelschijven naar achteren drukt. In elk geval worden de ligamenten rond de wervelkolom te ver uitgerekt.

Een aantal buikspieroefeningen kan de kromming van de wervelkolom te sterk vergroten. Als het been recht omhoog gebracht wordt (*zie* fig. 41a), zullen de heupspieren aan het bekken en de lendenwervels trekken, waardoor het bekken voorwaarts kantelt en de wervelkolom van de grond wordt getild. Zelfs als de wervelkolom plat op de grond blijft, zullen de heupspieren flink trekken aan de lendenwervels, waardoor de tussenwervelschijven op elkaar gedrukt worden en de kans op letsel toeneemt. Veiliger is het om bij deze oefening de hiel te laten schuiven (*zie* blz. 119). Nu wordt maar één been tegelijk opgetild, het andere blijft op de grond om steun te geven en de stabiliteit te vergroten. Daarbij blijft de hiel van het been dat beweegt, op de grond zodat niet het hele gewicht wordt opgetild.

Met oefeningen waarbij de wervelkolom zonder steun te veel wordt gestrekt (*zie* fig. 41b), kunnen de buikspieren de wervelkolom mogelijk niet ondersteunen en niet in de neutrale stand houden. Als gevolg daarvan kantelt het bekken naar voren en wordt de wervelkolom te ver gestrekt. Zoals we hebben gezien, drukt die stand de gewrichten in de basis van de wervelkolom samen. Dat samendrukken wordt veroorzaakt door de krachtige contractie van de strekspieren van de wervelkolom, die hun best doen om het lichaam rechtop te houden. Alternatieven voor deze oefening zijn het maken van een brug (*zie* blz. 132). In dat geval wordt niet het hele lichaamsgewicht gedragen voordat de rompspieren daarvoor sterk genoeg zijn. Als de spieren sterk zijn, moet eerst worden geoefend om het bekken in één lijn te zetten en de buik hol te maken, voordat de oefening wordt gedaan. Op die manier staat de wervelkolom correct in één lijn voordat hij wordt belast.

Als de buikspieren niet aantrekken bij het begin van het tillen (zie fig. 41c), kan tillen boven het hoofd bij gewichtstraining ook leiden tot te veel extensie van de lendenwervels door bekkenkanteling. Om dit te voorkomen moet eerst worden geoefend om de buik hol te maken tijdens het tillen. Ten tweede moet de beperkende factor niet de hoeveel-

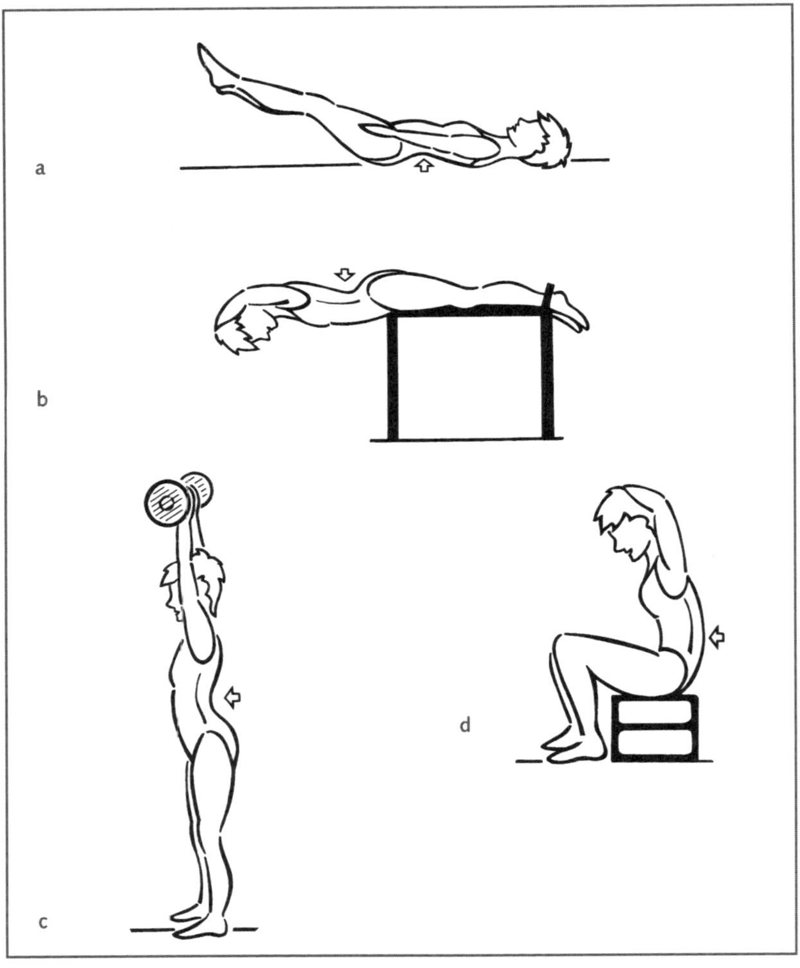

Fig. 41 Te grote kromming van de wervelkolom

heid gewicht zijn die boven het hoofd kan worden getild, maar het punt waarop het bekken begint te kantelen. Als dat gebeurt, moet de oefening gestopt worden, hoe veel of hoe weinig gewicht er ook getild wordt.

Het afvlakken van de wervelkolom is normaal in zittende positie. Hurken voor een bank die te laag is bijvoorbeeld (*zie* fig. 41d), zal het bekken achterwaarts doen kantelen en dat zal dan weer de wervels doen buigen. Wordt dit snel gedaan, dan kan een dergelijke beweging gevaarlijk zijn. De beweging kan op twee manieren worden aangepast. Ten eerste moet de zithoogte van de bank worden aangepast zodat die iets hoger is dan de knie. Op die manier wordt de hoeveelheid knie- en heupbewegingen beperkt en wordt de wervelkolom niet zo ver gekromd. Ten tweede moet de beweging vertraagd worden zodat de vaart wordt beperkt. Op die manier wordt er minder spanning op de wervelkolom gebracht en blijft de beweging steeds onder controle.

AANDACHTSPUNT

Probeer uw wervelkolom zoveel mogelijk in de neutrale stand te houden.

Stand van de nek

Eerder zagen we dat de lichaamslijn kan worden gebruikt om de optimale houding te vinden. Met betrekking tot hoofd en nek moet de lichaamslijn door het schoudergewricht en ook door het oor gaan. Een veelvoorkomende onjuiste lijn doet zich voor bij oefeningen waarbij het hoofd voorover gehouden wordt (*zie* fig. 42a). Het oor ligt dan zo'n 5 tot 10 cm voor de lichaamslijn en wel voor de schouder. Daardoor komt het nekweefsel onder spanning te staan, en dat is ongewenst bij snelle oefeningen. De beweging vindt plaats als het hoofd wordt gebruikt om te leiden en vaart geeft om een beweging te beginnen. Dit is vooral het geval bij oefeningen als sit-ups. Als iemand probeert vanuit liggende positie te gaan zitten, zal dat niet lukken als de buikspieren heel slap zijn. Een manier om het wel te doen slagen, is een snelle beweging waarbij het gewicht van het hoofd wordt gebruikt om het li-

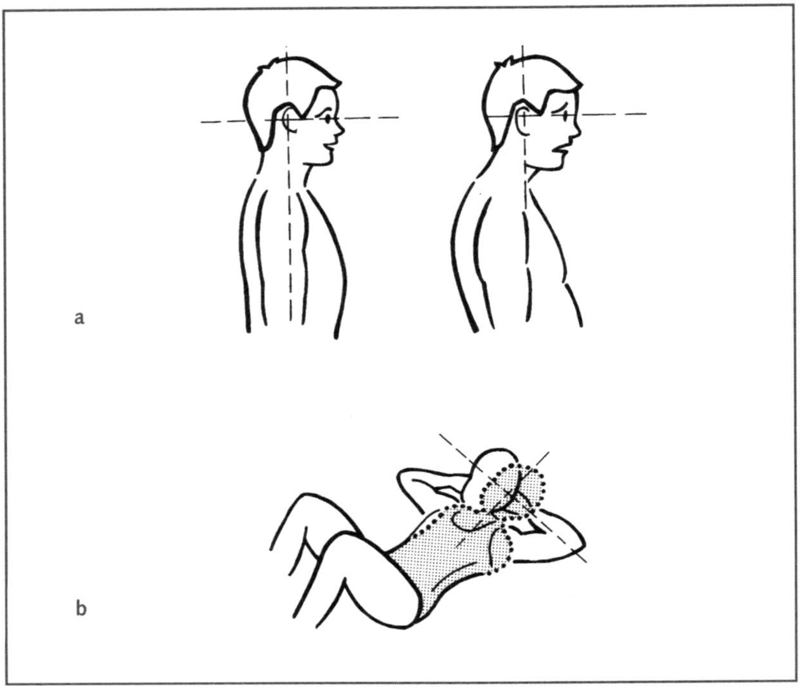

Fig. 42 Stand van de nek: (a) correct (links), te ver naar voren (rechts), (b) door de handen achter het hoofd te leggen bij een sit-up wordt het hoofd naar voren gedwongen en komt er spanning op de nek. De stippellijn toont de juiste lijn.

chaam van de grond te gooien (*zie* fig. 42b). Deze snelle beweging kan de nek beschadigen en leiden tot een beknelde zenuw of zelfs een vorm van whiplash.

Om deze houding van de nek te voorkomen, moet de kin naar achteren gehouden worden, in één lijn met de rest van de wervelkolom. Deze positie wordt vastgehouden zodat het hoofd niet beweegt, en de beweging wordt langzaam en beheerst uitgevoerd.

AANDACHTSPUNT

Voorkom dat uw hoofd knikt als u buikspieroefeningen doet.

Stabiliteit

Drie factoren zijn belangrijk voor de stabiliteit: de afmeting en de lijn van de basis van de steun, en het zwaartepunt. De basis van steun is het gehele deel dat op de grond rust of, in het geval van een menselijk li-

Fig. 43 Stabiliteit: (a) het zwarte deel is de basis van de steun: stabiel in de breedte, (b) onstabiel: kleine basis van de steun, (c) de basis is breed in de richting van de beweging: stabiel, (d) de basis is breed in een richting anders dan de beweging: minder stabiel.

chaam, de afstand tussen de voeten (*zie* fig. 43). Als de basis van de steun groot is, wordt het gewicht verdeeld over een groot gebied en is de persoon dus stabiel. Is de basis klein, zoals een balletdanser *en pointe*, dan is de persoon instabiel en zal hij gaan wankelen om zijn evenwicht te vinden. Wanneer we dus een oefenstand moeten kiezen, moeten we ervoor zorgen dat de basis zowel breed als gemakkelijk is.

De tweede factor met betrekking tot de basis van de steun die belangrijk is voor de stabiliteit, is de richting. Zet de voeten in één lijn zodat ze de kant uit wijzen waarin u beweegt, want zo is er meer stabiliteit. Hebt u uw voeten bijvoorbeeld voor elkaar staan, dan is de basis van de steun wel groot, maar bent u toch instabiel als u een zijwaartse buiging maakt. Dit komt omdat de zijwaartse buiging zijwaarts wordt gedaan, maar de voetpositie de basis van de steun in voorwaartse richting heeft vergroot. Om stabiel te blijven bij een zijwaartse buiging moeten uw voeten los van elkaar in zijwaartse richting staan. Zo bent u ook instabiel als u uw voeten zijwaarts uit elkaar zet wanneer u uw schouders rondt. Deze beweging gaat van voren naar achteren, dus moet de basis van de steun in die richting worden uitgebreid.

De derde factor die belangrijk is voor de stabiliteit is de hoogte van het lichaamsgewicht boven de grond. Wanneer u rechtop staat, bent u minder stabiel en kunt u bij de oefeningen gemakkelijk omvallen. Door gewoon de knieën te buigen kunt u uw lichaamsgewicht dichter bij de grond brengen en wordt u stabieler.

AANDACHTSPUNT

Om uzelf stabieler te maken, moet u uw voeten uit elkaar zetten en kijken in de richting waarin u wilt bewegen. Buig uw knieën iets.

Gemak

Een oefening die niet lekker aanvoelt, kunt u beter niet doen. Wanneer u zich niet op uw gemak voelt, zult u de neiging hebben regelmatig van houding te veranderen en te schuiven. Hierdoor wordt de aandacht van de oefening afgeleid en dat heeft invloed op de stabiliteit. Een oefening wordt meestal ongemakkelijk als het gewicht wordt geplaatst op een bot, zoals de knie, de heup of het stuitbeen, en de druk wordt opgebouwd. In elk van deze gevallen moet u proberen het lichaamsdeel op een mat of een gevouwen handdoek te laten rusten in plaats van gewoon op de grond.

Door een onnatuurlijke houding aan te nemen, voelt u zich niet lekker omdat het lichaamsweefsel bovenmatig wordt belast. Wanneer u een toestel gebruikt, moet u er daarom voor zorgen dat het is aangepast aan uw lichaam. Dit is vooral het geval bij gewichtstraining met toestellen, waarbij een correcte zithoogte van vitaal belang is om de lijn van de wervelkolom te corrigeren.

Samenvattend

- Het zwaartepunt van een mens is zijn evenwichtspunt.
- Bij een hefboom geldt dat hoe verder het gewicht van het steunpunt af ligt, hoe groter het hefboomeffect is.
- Vaart is een combinatie van het gewicht van een mens of voorwerp en de snelheid van de beweging.
- Door het bekken naar voren te kantelen wordt de kromming in de wervelkolom *groter*, door het naar achteren te kantelen wordt ze *kleiner*.
- Stabiliteit wordt bepaald door de afmeting en de lijn van de basis van de steun die iemand heeft, en de plaats van zijn zwaartekracht.

Allereerst

Voorbereiding

Alvorens te beginnen met de training dienen er eerst een paar zaken nader te worden bekeken.

Het lichaam heeft tijd nodig om over te gaan van de gewone stationaire gang naar een moment waarop het de ontberingen van een intensieve training kan aangaan. Net als een auto moet worden opgewarmd voordat hij soepel kan lopen, moet ook het lichaam langzaam worden opgewarmd om op zijn best te kunnen functioneren. Als u het koud hebt, is het lichaamsweefsel stijver en minder plooibaar. Dit betekent dat gewrichten en spieren sneller beschadigd kunnen worden. Om de kans op letsel te verminderen en de training effectiever te maken, is wel een warming-up nodig.

Een warming-up kan passief zijn, waarbij het lichaam van buitenaf wordt opgewarmd, of actief waarbij oefeningen worden gedaan om van binnenuit warm te worden. Een voorbeeld van een passieve warming-up is een warme douche of een sauna, terwijl een actieve warming-up kan worden bereikt door bijvoorbeeld rustig te joggen. Beide vormen van warming-up kunnen effectief zijn, maar zijn geschikt voor verschillende situaties. Een actieve warming-up is het soort dat normaal wordt gebruikt voor algemene oefeningen, terwijl een passieve warming-up handig is als u herstelt van een blessure en het niet verstandig is om stevig te gaan trainen.

Om effectief te zijn moet een warming-up stevig genoeg zijn om enig transpireren teweeg te brengen. Licht joggen, lichte aerobics of fietsen op een hometrainer zijn allemaal goede warming-up-activiteiten. Dit soort bewegingen zijn oefeningen om de polsslag op te voeren en de ademhaling sneller en dieper te maken dan normaal. Dit soort activiteiten moeten het lichaam uitdagen, maar niet uitputten: het is de bedoeling dat u een normale conversatie op gang kunt houden wanneer u de oefeningen doet. U mag niet zodanig buiten adem raken, dat het lastig is om te praten. De gewrichten moeten hun hele bewegingsomvang kunnen maken, te beginnen met kleine bewegingen, die langzaam groter worden. Laat de armen langzaam cirkelen, draai de wervelkolom en buig de benen tot alle grote gewrichten iets hebben gedaan. De nadruk ligt op langzame, beheerste bewegingen die het lichaam niet opjagen, maar het klaarmaken voor activiteit. Deze bewegingen worden *mobiliteitsoefeningen* genoemd, omdat ze erop gericht zijn alle grote gewrichten te bewegen en ze door te smeren, zodat bewegingen soepeler en vloeiender worden. Mobiliteitsoefeningen verschillen van de strekoefeningen die op blz. 61 worden gedaan. Voor mobiliteitsoefeningen geldt dat het doel is de gewrichten de hele bewegingsomvang te laten doen *als onderdeel* van de warming-up: met strekking proberen we in feite de verscheidenheid van de beweging te vergroten en daarom moet dus eerst een *totale warming-up* gedaan worden.

Voor veel bewegingen die worden gebruikt in het programma, is *herhaling* een aanvullende functie van de warming-up. Met andere woorden: de warming-up moet in feite de basisvaardigheden oefenen die worden gebruikt in het oefenprogramma. Voor alle oefeningen zijn twee bewegingen van vitaal belang:

- het vinden en handhaven van de *neutrale stand;*
- het activeren van de diepe-korsetspieren door de buik *hol* te maken (buikspieren aanspannen).

De twee oefeningen die deze bewegingen herhalen, zijn het kantelen van het bekken (blz. 109) en het hol maken van de buik (blz. 114). Deze twee oefeningen kunnen daarom worden gebruikt als onderdeel van de warming-up.

Warming-up voor de buikspieroefeningen

Net als alle trainingsprogramma's vraagt ook dit programma om een warming-up. De basisbewegingen zijn uiteraard heel rustig en kunnen op zich worden gebruikt als onderdeel van een warming-up.
Het doel is de heupen, wervelkolom en schouders te activeren, de polsslag te verhogen en de neutrale en de holle stand te repeteren (*zie* fig. 44).

- **Schouders:** neem een handdoek en houd die gewoon boven uw hoofd met uw armen recht. Maak hierbij geen boog met de rug en zorg dat de beweging langzaam en beheerst wordt uitgevoerd.

- **Wervelkolom:** buigen (rond maken) en strekken (hol maken) worden tegelijkertijd gedaan met het repeteren van de neutrale stand; bij beide bewegingen wordt het bekken gekanteld. Kantel het bekken vijf keer achterover en weer voorover en stop halverwege, waarbij de lendenwervels iets hol staan: dat is de neutrale stand.
- **Rotatie:** draai langzaam zodat u eerst naar rechts en dan naar links kijkt, draai langzaam de hele wervelkolom, inclusief de nek, de borstwervels en de lendenwervels. Ook deze oefening moet weer langzaam en beheerst worden uitgevoerd.
- **Zijwaarts buigen:** laat de handen losjes onder de heupen rusten, halverwege de dijen. Gebruik de handen als steun, buig langzaam naar rechts en kom dan weer overeind. Herhaal dit naar links.
- **Beweeglijkheid van de heup:** houd u vast aan de rugleuning van een stoel en til uw knie zo ver mogelijk op in de richting van uw borst, waarbij zowel de knie als de heup gebogen wordt. Zorg dat u rechtop staat en buig de wervelkolom niet.

DOEL	ACTIE
• beweeglijkheid van schouders, heupen en wervelkolom	• reiken boven het hoofd – 10 maal • buigen van de lendenwervels met bekkenkanteling (zie onder) • draaien van de lendenwervels – 5 maal naar elke kant • zijwaarts buigen van de lendenwervels – 5 maal naar elke kant • knie optillen – 5 maal elke knie
• polsslag opvoeren	• hometrainer of stevig lopen op schoenen met vering – 2 tot 5 minuten
• basisacties oefenen	• bekkenkanteling, staand (blz. 109) – 3 maal • hol maken van de buik, staand (blz. 114) – 3 maal

Fig. 44 Warming-up voor buikspieroefeningen

De warming-up kan een stevige wandeling zijn (draag schoenen met schokdemping om de schokken zoveel mogelijk op te vangen) of fietsen op een hometrainer. Voordat u bepaalde specifieke buikoefeningen gaat doen, moet u eraan denken dat u de oefening waarbij de buik ingetrokken wordt (blz. 114) driemaal uitvoert, waarbij u ervoor zorgt de wervelkolom stil te houden en normaal te ademen (houd uw adem niet in en neem geen diepe teug adem).

Gemak

Kleding moet warm zijn om de lichaamswarmte vast te houden en los genoeg zitten om bewegingen niet te beperken. Een korte broek en een T-shirt zijn prima voor warmer weer, maar is het frisser, dan zijn een joggingbroek en een sweater geschikter. Denk er wel aan dat u misschien in sommige stadia van het oefenprogramma uw wervelkolom in de spiegel moet kunnen zien, dus probeer kleding in laagjes te dragen, zodat u gemakkelijk iets kunt uittrekken.

Zorg dat u kunt bewegen zonder beperkt te worden door meubels of andere mensen. Een beetje tijd om wat ruimte te maken in de kamer waarin u uw oefeningen wilt doen, kan de moeite waard zijn. U hebt misschien behoefte aan een klein oefenmatje of een aantal gevouwen badhanddoeken onder handbereik voor oefeningen waarbij u moet knielen of op de grond moet liggen.

AANDACHTSPUNT

Draag gemakkelijk zittende kleren en doe een rustige warming-up voordat u begint.

Na de oefeningen zult u langzaam uw activiteiten moeten afbouwen in plaats van plotseling te stoppen. Dat vermindert de kans op spierpijn.

Basis

We beginnen het programma met twee essentiële bewegingen. Die vormen de hoeksteen van het oefenprogramma en worden vaak gebruikt als onderdeel van een oefening voor gevorderden verderop in het programma. De basisbewegingen zijn belangrijk omdat daarvoor belangrijke vaardigheden met betrekking tot de beheersing van de wervelkolom opnieuw worden aangeleerd, waar ze vaak al vergeten zijn. Probeert u buikspieroefeningen te doen voordat u deze vaardigheden onder de knie hebt, dan zult u de beweging zo matig beheersen, dat er letsel kan ontstaan. De tijd die wordt besteed aan de basisoefeningen is daarom een gezonde investering voor de toekomst.

Omdat de basisoefeningen praktische *vaardigheden* zijn, moeten ze regelmatig over de dag verdeeld worden gedaan en niet alleen maar tijdens de training.

Bekken kantelen

Op bladzijde 19 hebben we gezien dat de bekkenkanteling de plaats van de lendenwervels bepaalt. Door het bekken naar voren te kantelen, wordt de holte onderaan de rug vergroot, bij het achterwaarts kantelen wordt de rug afgevlakt en wordt de kromming in de lendenwervels verkleind. Dat het kantelen van het bekken zo belangrijk is, komt omdat het leert de lendenwervels tijdens een oefening te beheersen. Een onjuiste bekkenkanteling tijdens een oefening kan leiden tot buitensporige beweging in de lendenwervels. We moeten dit kunnen onderkennen als het zich voordoet, doordat we voelen dat het gebeurt, zodat we het kunnen corrigeren voordat het letsel veroorzaakt. Omdat een nauwkeurige beheersing van deze oefening zo belangrijk is, wordt de beweging vanuit twee verschillende beginposities geoefend.

Bekken kantelen, liggend

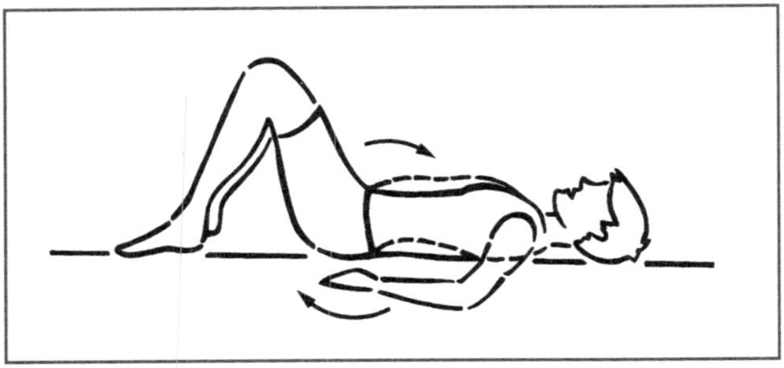

• Startpositie

Ga op uw rug liggen met uw knieën gebogen. Zet uw voeten en knieën op schouderbreedte uit elkaar. Laat uw armen op de grond rusten, iets bij uw lichaam vandaan.

• Beweging

Trek de buik- en bilspieren aan om uw bekken achterover te kantelen en vlak het onderste deel van uw rug af tegen de grond. Pauzeer en herhaal de oefening, waarbij u uw rug- en heupspieren aantrekt om de onderrug los te maken van de grond. Herhaal dit en probeer de beweging te stoppen wanneer u precies tussen de twee uitersten in zit. *Dit middelpunt is uw neutrale stand.*

• Belangrijk

Het kantelen van het bekken moet worden gedaan door gelijktijdig samentrekken van buik- en bilspieren. Hoewel het mogelijk is de beweging met slechts een van deze spiergroepen te verrichten, zult u de beweging meer beheersen wanneer beide samenwerken.

• Oefentip

De beweging moet soepel en beheerst verlopen. Een schokkerig uitgevoerde beweging zal de lendenwervels onder spanning zetten.

Bekken kantelen, staand

• Startpositie

Zet uw voeten op schouderbreedte uit elkaar en laat uw armen langs uw lichaam hangen. Ga rechtop staan, span uw spieren licht aan.

• Beweging

Span buik- en bilspieren aan, terwijl u uw bekken achteroverkantelt en de lendenwervels afplat. Pauzeer en trek dan heup- en bilspieren aan, zodat het onderste deel van de rug hol wordt.

• Belangrijk

De beweging moet beperkt blijven tot de lendenen. Uw schouders moeten vierkant blijven en uw knieën mogen niet bewegen. Vermijd dat het lichaam meebeweegt.

• Oefentip

Leg uw handen in een T-vorm op uw heupen. Dat helpt om het evenwicht te bewaren tijdens de oefening en maakt ongewenste zwaaibewegingen van het lichaam duidelijk.

Bekken kantelen op een gymbal

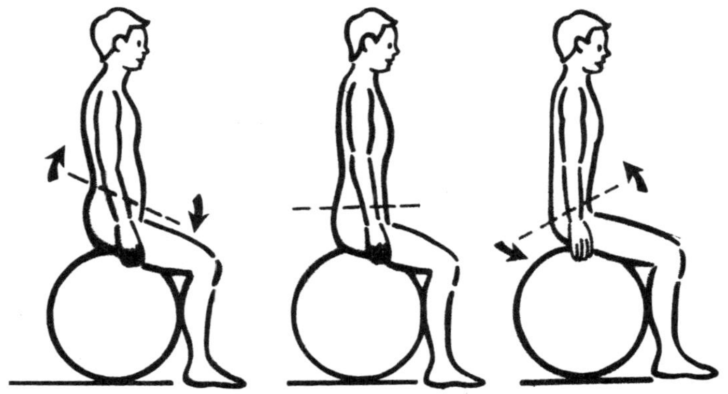

• Startpositie

Ga op een gymbal van 60 cm doorsnede zitten met uw knieën in een hoek van 90°. Houd uw rug recht maar niet stijf en zet uw voeten plat op de grond.

• Beweging

Trek uw buik in (holle buik) en kantel dan uw bekken naar voren om de holte in het smalle deel van uw rug te vergroten, en vervolgens naar achteren om ze te verkleinen.

• Belangrijk

De beweging mag alleen worden uitgevoerd door het bekken. Laat het lichaam niet meebewegen, maak de schouders niet rond en zet ze niet vast.

• Oefentip

Om te voorkomen dat het lichaam gaat zwenken, zet u het best een eetkamerstoel aan beide kanten van de bal. Leg elke hand plat op een stoel om de schouderbeweging te controleren.

Buik hol maken

Op blz. 27 hebben we gezien dat de dwarse buikspier een belangrijke spier is om de stabiliteit van de lendenwervels in stand te houden. Deze spier wordt niet vaak gebruikt in trainingsprogramma's, maar het is van essentieel belang dat we eraan werken voordat we overgaan tot andere oefeningen. De spier werkt hard bij het hol trekken van de buik, zoals hieronder beschreven. Zelfs als u jaren getraind hebt, dient u deze beweging te oefenen. Tot uw verbazing zult u zien hoe weinig beheersing u over dit deel van het lichaam hebt.

Buik hol maken, knielend

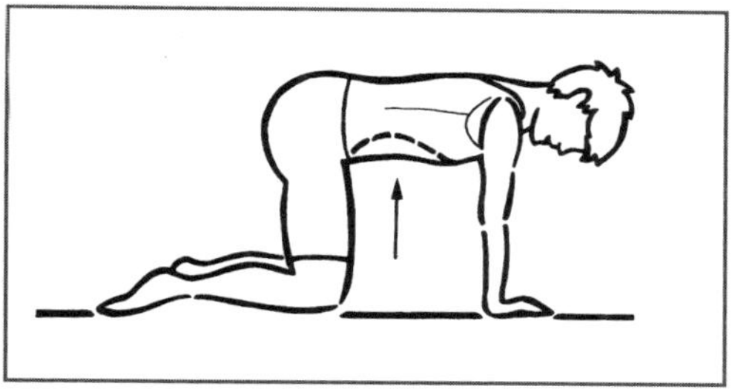

• Startpositie

Zet handen en knieën op de grond, op schouderbreedte uit elkaar. Gebruik eventueel een mat of een opgevouwen handdoek.

• Beweging

Ontspan uw buikspieren en laat ze naar beneden zakken. Span ze dan aan en trek ze op en in, waarbij u probeert uw buik hol te maken.

• Belangrijk

Aanvankelijk zal de beweging maar heel licht zijn, maar na enige oefening zult u zowat 10 tot 15 cm beweging in het totaal zien. Blijf bij deze oefening normaal ademhalen. Neem geen hap als u probeert uw buik plat te maken. Houd de wervelkolom stil wanneer u uw buik intrekt. Zorg dat de wervelkolom niet krom gaat staan en dat u het bekken niet kantelt.

• Oefentip

Leg een spiegel op de grond onder uw buik zodat u kunt zien wat er gebeurt. Richt uw aandacht op uw navel en probeer die te bewegen in plaats van de hele buik.

Buik hol maken, liggend

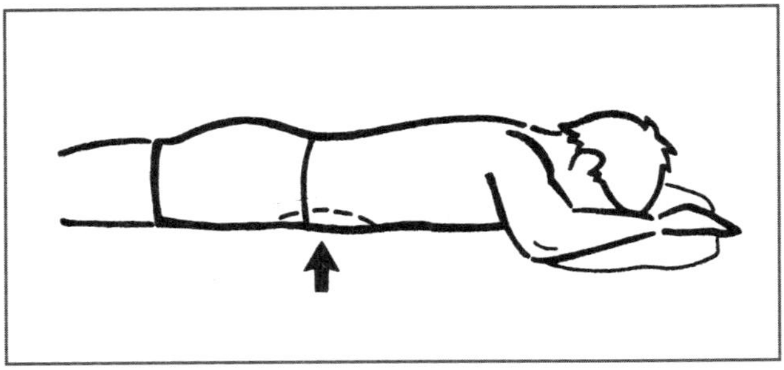

• Startpositie

Ga op een mat of op een handdoek op de grond liggen met uw armen langs het lichaam of voor u gevouwen. Houd uw voeten iets uit elkaar zodat het prettig voelt en leg een opgevouwen handdoek onder uw voorhoofd om te voorkomen dat u uw neus pijn doet.

• Beweging

Trek uw buik hol door de navel in te trekken en de buikwand van de grond te tillen.

• Belangrijk

Als u iets te zwaar bent en een wat dikke buik hebt, zult u deze oefening niet kunnen doen! Zorg dat u de buik alleen met de buikspieren van de grond tilt. Neem geen diepe teug adem en til uw borst niet omhoog.

• Oefentip

Train samen met iemand en leg een handdoek onder uw buik. Wanneer u de spieren bij het hol trekken aanspant, moet uw partner de handdoek kunnen wegtrekken.

Buik hol maken, zittend

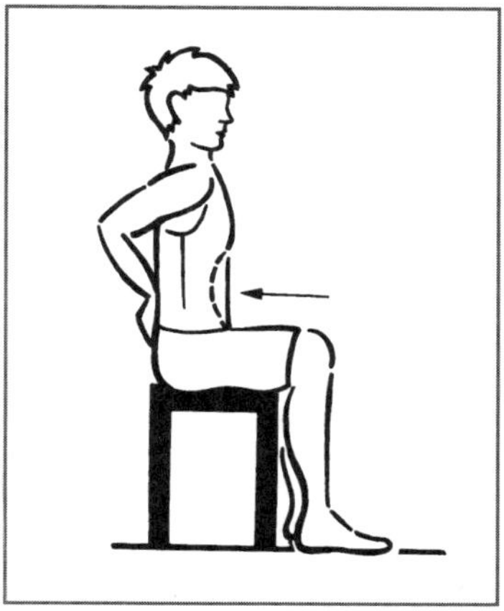

• Startpositie

Ga op een stoel zitten met uw knieën een stukje uit elkaar. Ga rechtop zitten met uw rug iets hol. Leg uw hand op uw buik en de andere op het smalle deel van uw rug.

• Beweging

Maak uw buik hol door hem in te trekken en weg te trekken van uw voorste hand, waarbij u uw aandacht richt op uw navel.

• Belangrijk

Wanneer u zit, ga dan rechtop zitten en zorg dat u niet onderuitzakt of uw romp te stijf houdt.

• Oefentip

Gebruik uw handen om de neutrale stand van de wervelkolom te controleren, maar ook om te controleren of u de beweging goed uitvoert.

Buik hol maken, staand

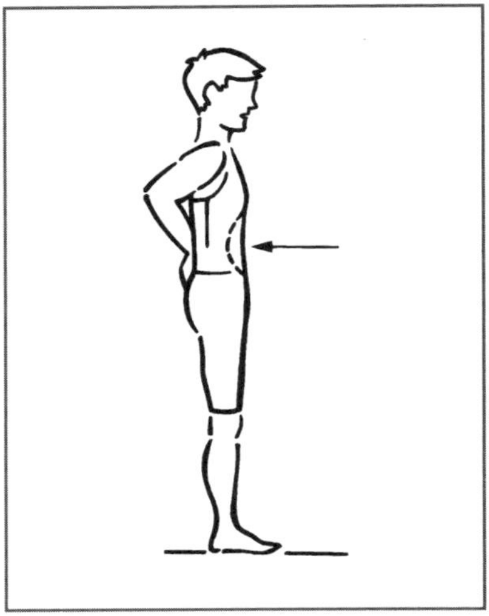

• Startpositie

Ga rechtop staan met uw voeten op schouderbreedte uit elkaar. Zorg dat uw lendenwervels in neutrale stand staan.

• Beweging

Trek uw buik hol en richt daarbij uw aandacht op uw navel, die u afwisselend intrekt en laat uitstulpen.

• Belangrijk

Haal normaal adem en houd uw adem niet vast. Zorg dat u wervelkolom, heupen en benen stilhoudt. Beperk de beweging tot uw buik, maak uw rug niet vlak en kantel het bekken niet.

• Oefentip

Begin de oefening met uw zijkant naar een spiegel staand. Doe een riem losjes om het onderste deel van uw buik. Wanneer u uw buik intrekt, moet er een ruimte ontstaan tussen uw buik en de riem.

Veelgemaakte fouten

Bij deze oefening om de buik in te trekken wordt een aantal fouten altijd weer gemaakt. In fig. 45 wordt duidelijk welke fouten dat zijn en hoe u ze kunt voorkomen.

fout	merkbaar door	reden	correctiemogelijkheden
Ribbenkast komt omhoog	Kijk naar de onderkant van uw ribben net boven de navel. Deze plaats moet in een horizontale lijn blijven.	Persoon heeft een grote teug adem genomen.	Leg uw vingertoppen op de onderste ribben en vraag de persoon die de oefening doet om de buik in te trekken terwijl uw vingers op zijn ribben blijven rusten. Leer de persoon normaal adem te halen.
Ribbenkast zakt naar beneden	De onderkant van de ribbenkast gaat naar beneden.	Persoon heeft de rechte buikspier en de oppervlakkige schuine buikspieren geactiveerd.	Moedig de persoon aan om zich minder in te spannen en vraag hem om te beginnen met het aantrekken van de bekkenbodem.
Wervelkolom buigt	De rug kromt en het hoofd gaat naar voren.	Persoon heeft de rechte buikspier geactiveerd en het lichaam is niet meer in één lijn.	Vraag de persoon de buik hol te maken terwijl hij met zijn rug tegen een muur staat.
Adem inhouden	Kleur van het gezicht verandert, persoon raakt buiten adem.	Persoon kan de ademhaling niet losmaken van het intrekken van de buik.	Vraag de persoon om, terwijl hij zijn buik hol maakt, hardop tot tien te tellen. Zo wordt duidelijk dat hij zijn adem inhoudt.

Fig. 45 Veelvoorkomende fouten bij het hol maken van de buik

De stand van de musculus multifidus

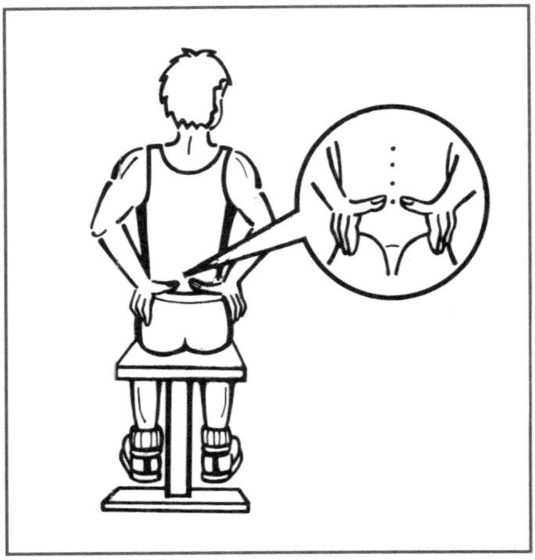

• Startpositie

Ga op de rand van een stoel zitten met uw knieën en voeten op schouderbreedte uit elkaar. Leg uw duimen in de onderrug net boven de taille. Ze moeten naast de wervels liggen en zachtjes in de huid drukken.

• Beweging

Trek uw buik rustig in (hol maken) en druk tegelijkertijd zachtjes uw diepe rugspieren tegen uw duimen.

• Belangrijk

De beweging moet worden beperkt tot de diepe rugspieren. U mag niet leunen of uzelf terugduwen, maar ook uw wervelkolom niet erg hol of plat maken. U mag niet meer voelen dan slechts een kleine lokale beweging van de wervels. Omdat uw knieën uit elkaar staan, begint u met de lendenwervels iets hol. Wanneer de musculus multifidus samentrekt, zal ze de kromming van de wervelkolom een beetje verdiepen, waardoor uw rug in de neutrale stand komt te staan.

• Oefentip

De meeste mensen vinden het moeilijk om deze spier te voelen samentrekken, dus moet u wel even doorzetten. Vaak gaat het om wat u niet voelt. Als u de rugspieren aanspant, mag u niet de grote spierkolommen aan beide zijden van de wervelkolom voelen aantrekken (dit zijn de gemeenschappelijke rugstrekspieren). Probeer u te richten op de spieractie binnen 2 cm vanaf het midden van de rug. Het kan helpen om de bekkenbodemspieren aan te trekken op het moment dat u de multifidus aanspant.

Bekkenbodem aanspannen

• Startpositie

Ga op de grond liggen met uw knieën en voeten iets uit elkaar. Ontspan uw bilspieren en de spieren waarmee u uw benen bij elkaar trekt.

• Beweging

Trek langzaam de spieren rond de anus aan. Houd dit gevoel vast en probeer het mee naar voren te nemen om de spieren rond de vagina aan te spannen (vrouwen) of de penis iets op te lichten (mannen). Het moet voelen alsof u probeert te stoppen met urineren. Houd dit ongeveer 5 tellen vast (normaal doorademen) en ontspan dan.

• Belangrijk

Deze oefening is net zo belangrijk voor mannen als voor vrouwen, omdat de bekkenbodemspieren samen met het diepe-spierenkorset aan de rompstabiliteit werken. Daarbij werken de bekkenbodemspieren om te voorkomen dat u urine verliest (incontinentie) en de erectie bij mannen vast te houden. Probeer deze oefening te doen zonder de bilspieren of de bovenbeenspieren aan te spannen.

• Oefentip

Hoewel deze oefening net zo moet *voelen* als wanneer u probeert de urine op te houden, moet u ze niet doen op het moment dat er daadwerkelijk urine loopt. De oefening zou namelijk kunnen botsen met de natuurlijke reflex die de blaas beheerst en zou ertoe kunnen leiden dat het urineren moeilijker is dan normaal.

Niveau een

Hiel schuiven

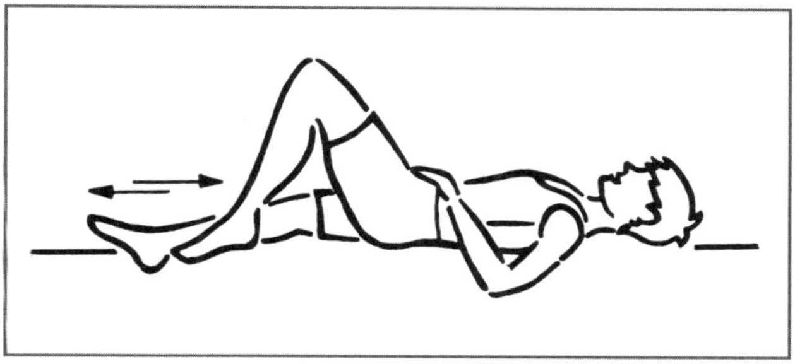

• Startpositie

Ga op uw rug op de grond liggen. Uw voeten en knieën moeten 10 tot 15 cm uit elkaar staan. Leg uw handen op uw buik met de palm van de hand op het bekken. Zet de hiel van elke voet op een stukje glanzend papier op een vloerkleedje of een zachte doek op een harde houten vloer.

• Beweging

Trek de buikspieren aan en houd de buik hol. Voel de spierspanning onder uw vingers. Blijf gedurende de oefening normaal doorademen. Laat één been recht wegglijden, terwijl u de buikspieren aangespannen houdt. Zodra met uw handpalm voelbaar is dat het bekken begint te kantelen, laat u het been weer terugglijden.

• Belangrijk

Het doel van deze oefening is de buikspieren te leren om het bekken stevig vast te houden. Het werk van de beenspieren is daarom ondergeschikt aan dat van de buikspieren.

• Oefentip

Het gewicht van uw been moet tijdens de hele beweging worden gedragen door de vloer. Til uw hiel niet los van de grond. Het gaat erom te *glijden*, niet om te tillen.

Benen verkorten, liggend

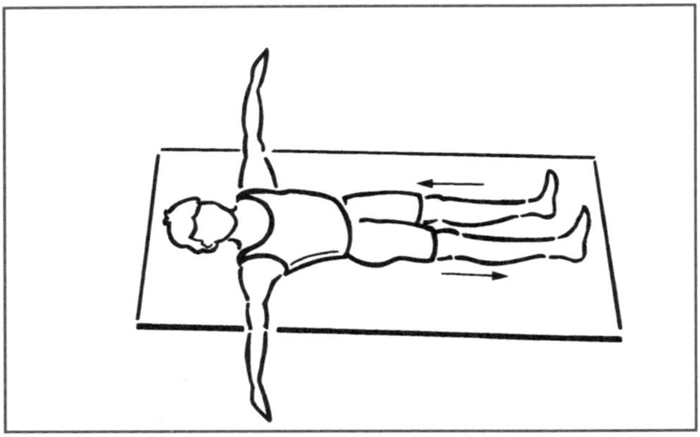

• Startpositie

Ga op uw rug op de grond liggen met uw voeten 20 cm uit elkaar. Leg uw armen zijwaarts in een T-vorm.

• Beweging

Kantel uw bekken van de ene kant naar de andere kant (heup verplaatsen) om elk been te verkorten en te verlengen.

• Belangrijk

Het been moet helemaal recht blijven, zodat de beweging op het bekken gericht blijft, en daardoor op de lendenwervels.

• Oefentip

Span uw voet en leid de beweging met uw hiel.

Zijligging, wervelkolom langer maken

• Startpositie

Ga op uw zij liggen met uw knieën bij elkaar en iets gebogen. Steun op een elleboog zodat uw rug gebogen is.

• Beweging

Trek uw buik hol en til het lagere deel van de romp omhoog, zodat uw wervelkolom zich strekt. Houd deze positie 5 seconden vast en laat u dan weer zakken.

• Belangrijk

Door hol te maken worden de spieren aan de voorkant en zijkanten van uw buik aangetrokken, terwijl deze oefening de zijspieren verder aantrekt. Het resultaat is dat rond de hele taille een betere spierspanning waarneembaar is.

• Oefentip

Til de onderste heup niet op, laat ze zachtjes op de grond schommelen terwijl u de wervelkolom recht maakt.

Buik hol maken en been strekken

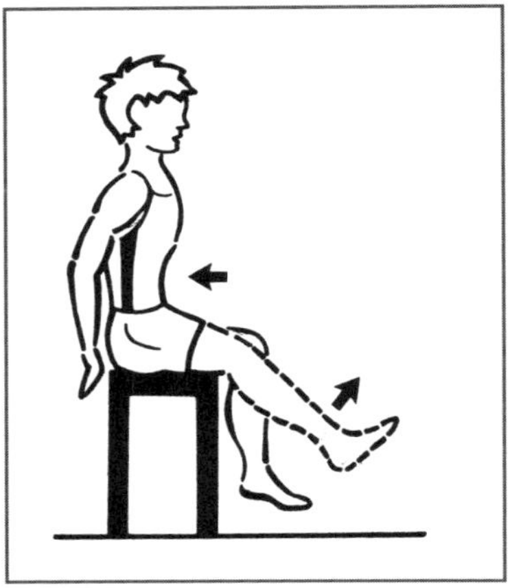

• Startpositie

Ga op een stoel of een kruk zitten met uw voeten *van* de grond. Trek uw buik in (hol maken) en ga rechtop zitten, waarbij u de wervelkolom lang maakt.

• Beweging

Houd de buikspieren aangetrokken (hol) en strek langzaam een been, waarbij u de rug gewoon in één lijn houdt.

• Belangrijk

Als u één been recht maakt, zal de spanning in de hamstring aan de achterkant van het been aan uw zitbeen trekken en zo proberen uw bekken achterover te kantelen en uw lendenen rond te maken. Zorg dat u de lichaamslijn vasthoudt en voorkom dat dat gebeurt.

• Oefentip

Als uw oefenpartner zijn hand één of twee centimeter achter het smalle deel van uw rug legt, zal hij de lordose kunnen voelen en u kunnen vertellen of de lichaamslijn verdwijnt.

Been optillen, op de rug liggend

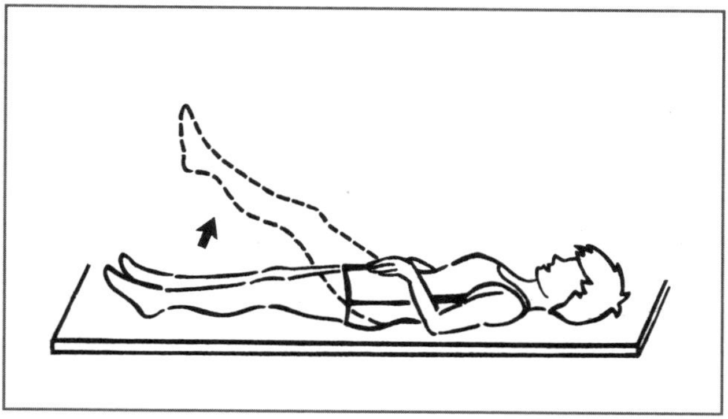

• Startpositie

Ga op de grond liggen met uw voeten op een prettige afstand van elkaar. Leg uw vingertoppen langs elke kant van uw buik iets onder de navel.

• Beweging

Trek uw buik hol en houd de spieren tijdens de oefening aangespannen. Hef een been (houd het recht) één tel tot ongeveer 45° boven horizontaal. Houd dan even stil en laat het been in 5 tellen terugzakken naar de grond. Blijf dan 2 seconden liggen en herhaal dit met het andere been.

• Belangrijk

Doe deze oefening beslist nooit met twee benen tegelijk. Til het tweede been pas op als het eerste weer op de grond ligt en u 2 seconden hebt uitgerust. Als u de oefening te moeilijk vindt, buig dan beide knieën en til het been op met gebogen knie. Daardoor wordt de hefboomwerking van het been korter en de oefening gemakkelijker.

• Oefentip

Controleer de stand van uw buik met uw vingertoppen. Wanneer u voelt dat uw buik gaat bollen en niet plat blijft, stop dan met de oefening.

Romp buigen, opeenvolgend

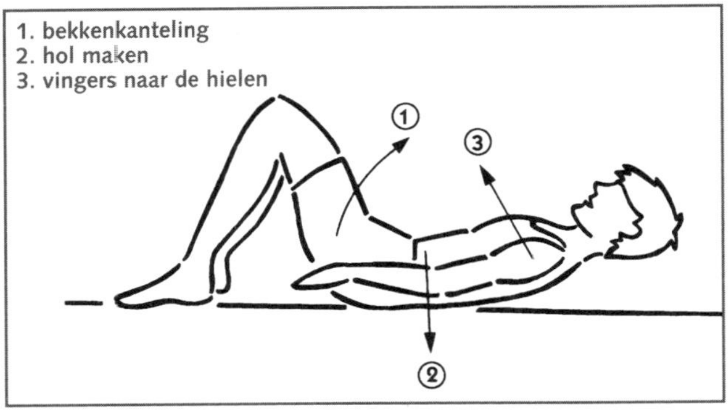

• Startpositie

Ga op uw rug liggen met uw knieën gebogen. Uw voeten staan een schouderbreedte uit elkaar.

• Beweging

Doe de bekkenkanteling en vlak uw rug af tegen de grond. Maak daarna uw buik hol en trek de navel in. Reik dan naar voren met uw vingers naar uw hielen zodat uw romp buigt en uw schouders van de grond komen.

• Belangrijk

De beweging van deze oefening is *de romp buigen* en niet een sit-up. Het onderste deel van de schouderbladen moet in contact blijven met de grond tijdens de beweging. Als u uw buik hol maakt, ademt u uit. Adem in als u de beweging loslaat.

• Oefentip

Wanneer u langs de grond naar de hielen reikt, en niet naar omhoog naar de knieën, zorgt u ervoor dat u de romp correct buigt.

Buik hol maken met steun van de bilspieren

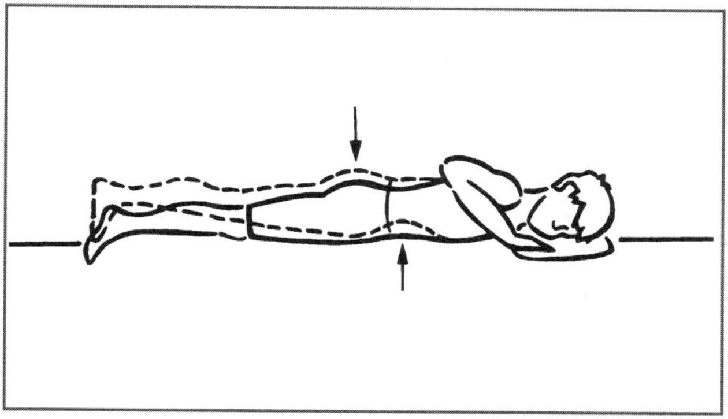

• Startpositie

Ga op uw buik op de grond liggen. Leg uw voeten zo dat de tenen gebogen zijn. Leg een opgevouwen handdoek onder uw voorhoofd.

• Beweging

Maak uw buik hol door de spieren aan te spannen, waarbij u uw aandacht richt op de navel. Tegelijkertijd trekt u uw billen aan en strekt u uw benen recht uit.

• Belangrijk

Houd de wervelkolom bij deze oefening in neutrale stand. Zorg dat u uw bekken niet naar voren of naar achteren kantelt.

• Oefentip

Trek eerst uw buik aan en knijp dan uw billen tegen elkaar. Hebt u de afzonderlijke bewegingen eenmaal onder de knie, probeer ze dan tegelijk uit te voeren.

Schuine buikspieren

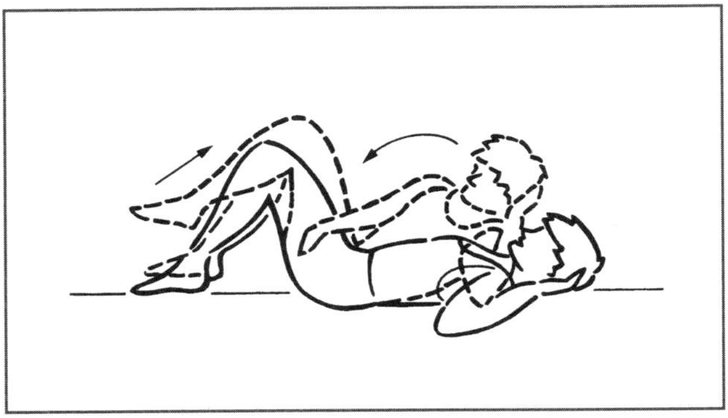

• Startpositie

Ga op de vloer liggen met uw knieën gebogen en de voeten plat. Uw knieën en voeten moeten zo'n 20 tot 30 cm uit elkaar staan.

• Beweging

Reik met uw linkerhand langs de buitenkant van uw rechterknie. Til tegelijkertijd uw rechtervoet van de grond en trek de rechterkant van het bekken naar u toe. Pauzeer en doe het dan omgekeerd, waarbij u naar links reikt.

• Belangrijk

Het doel van deze oefening is om de schuine buikspieren te spannen. Om dit te bereiken moet het onderste deel van de romp deelnemen aan de beweging, dus is het optillen van de heup of het aanspannen van de heupbuigers essentieel voor deze oefening.

• Oefentip

Om de nadruk te leggen op het optillen van de heup, moet u iemand vragen op uw heup te duwen terwijl u aanspant. Hierdoor is het gemakkelijker de beweging afzonderlijk te doen. *Denk eraan dat u slechts één heup tegelijkertijd optilt!*

Niveau twee

Been neerleggen vanuit de crunchhouding

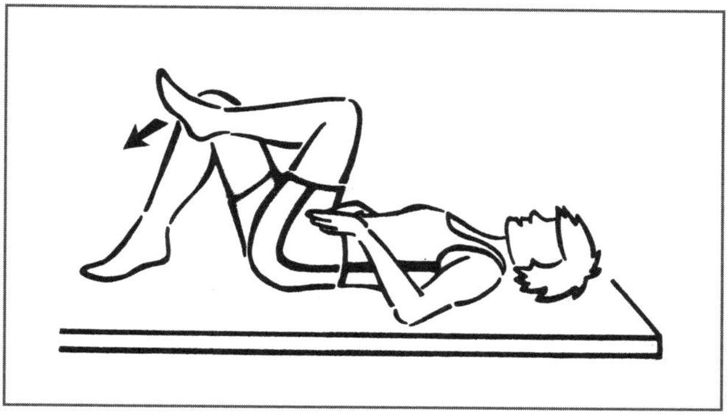

• Startpositie

Ga op de grond liggen en trek uw knieën op zodat ze boven uw heupen rusten, met de voeten van de grond. Beweeg één knie tegelijk en leg uw vingertoppen op beide kanten van de onderbuik onder de navel.

• Beweging

Trek de buikspieren aan zodat de buik hol wordt en houd deze spiercontractie de hele oefening vast. Zet langzaam een been neer, waarbij u het gebogen houdt tot uw voet de grond raakt. Trek het been weer op en als het weer in de startpositie staat, zet u het andere been neer.

• Belangrijk

Laat de voeten direct dalen, waardoor ze zo dicht mogelijk bij de billen blijven. Strek het been zelfs niet een klein beetje, want dat geeft overmatig veel spanning in de onderrug.

• Oefentip

Controleer de stand van uw buik en bekken met uw vingertoppen. Als u voelt dat uw buik niet langer plat is en gaat bollen, of als u uw bekken voelt bewegen, stop dan met de oefening.

Bekken optillen (1)

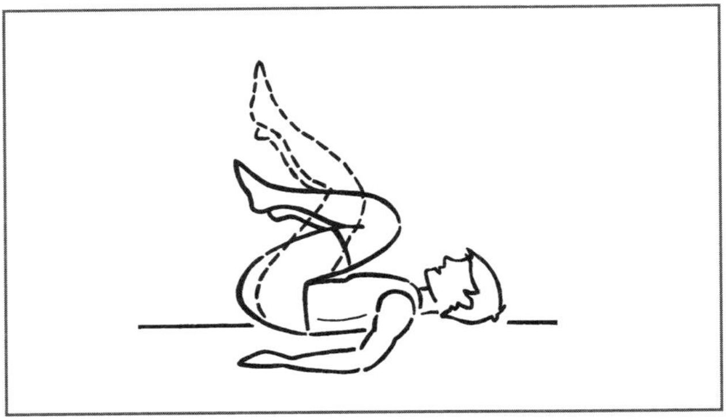

• Startpositie

Ga op uw rug op de grond liggen. Uw armen moeten langs uw zij op de grond liggen (handpalmen naar beneden) in een hoek van 45° ten opzichte van uw lichaam. Buig uw knieën en trek ze op tot de borst.

• Beweging

Buig uw wervelkolom om uw stuitbeen 3 cm van de grond op te tillen, waarbij u tegelijkertijd uw knieën naar uw schouders trekt.

• Belangrijk

Voer de beweging niet stoterig uit, maar maak gebruik van de vaart van uw benen. Deze beweging moet de lendenwervels zachtjes optillen terwijl de rompspieren de passieve benen omhoogbrengen.

• Oefentip

Druk met rechte armen flink tegen de grond, terwijl u de lendenen buigt.

Crunch

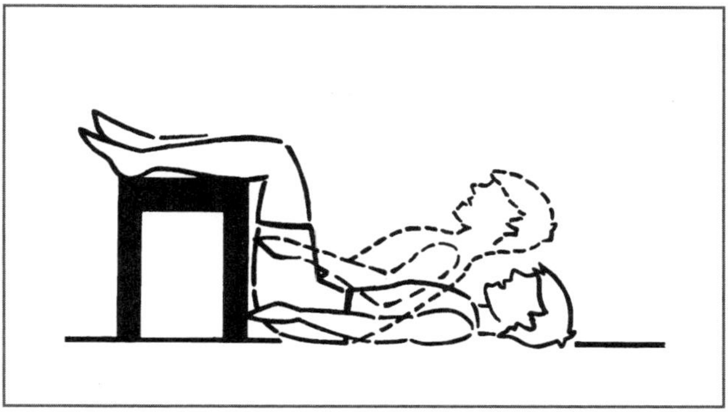

• Startpositie

Ga op uw rug op de grond liggen. Leg uw kuiten op een niet te hoge stoel of kruk zodat uw knieën en heupen in een hoek van 90° liggen. Uw voeten en knieën moeten 20 tot 30 cm uit elkaar staan.

• Beweging

Ga overeind zitten terwijl u probeert uw borst plat tegen uw dijen te leggen.

• Belangrijk

Dit is een oefening voor gevorderden en daarom zult u in het begin niet al te veel naar voren kunnen komen. Versnel de beweging niet in een poging verder overeind te komen. Dit zal de vaart van uw romp versnellen, maar zet de buikspieren niet harder aan het werk.

• Oefentip

Probeer de romp te buigen als u overeind komt om zo de buikspieren te verkorten.

Schuine crunch

Probeer deze oefening pas als u de crunch met gemak tienmaal kunt doen.

• Startpositie

Ga op uw rug op de grond liggen. Leg uw kuiten op een lage stoel of kruk zodat uw knieën en heupen een hoek van 90° vormen. Uw voeten en knieën moeten 20 tot 30 cm uit elkaar staan. Buig uw armen iets, houd uw ellebogen in een hoek van 90°.

• Beweging

Ga overeind zitten en reik tegelijkertijd met uw rechterelleboog langs uw linkerknie. Pauzeer en herhaal de beweging dan, waarbij u met de linkerelleboog langs uw rechterknie reikt.

• Belangrijk

Net als bij de crunch moet u ervoor zorgen dat de oefening langzaam en beheerst wordt uitgevoerd. Met een snelle beweging zult u wel verder omhoogkomen, maar alleen door de vaart.

• Oefentip

Adem flink uit als u overeind komt, maar rust even uit na twee keer, waarbij u normaal ademhaalt zodat u niet duizelig wordt.

Knierol

• Startpositie
Ga op uw rug liggen met uw knieën gebogen en de voeten plat op de grond. Leg uw armen opzij in een T-vorm zodat ze stabiliteit geven.

• Beweging
Doe de oefening om de buik hol te maken en houd de buikspieren tijdens de beweging stevig vast. Laat de knieën langzaam naar één kant zakken, waarbij ze een hoek van ongeveer 30° maken. Duw de knieën terug naar het midden en herhaal dan de beweging.

• Belangrijk
Blijf normaal doorademen bij deze oefening, houd uw adem niet in. Zorg dat beide heupen op de grond blijven terwijl u uw knieën laat zakken.

• Oefentip
Kunt u uw knieën niet op de grond laten zakken, leg dan aan beide zijden van uw heupen een kussen op de grond. Laat uw knieën om te beginnen liever zakken tot het kussen dan tot op de grond.

Brug maken

• Startpositie

Ga op uw rug liggen met uw knieën gebogen en uw voeten plat op de grond. Uw voeten moeten op schouderbreedte uit elkaar staan. Zoek uw neutrale stand en houd die gedurende de oefening vast.

• Beweging

Maak uw buik hol, trek dan de bilspieren aan en til uw heupen 10 cm van de grond.

• Belangrijk

De lendenwervels moeten in de neutrale stand blijven, dus zorg dat u niet te hoog tilt, want dan zal de wervelkolom een boog maken. Uw buik en bovenbenen moeten één lijn vormen.

• Oefentip

Laat de samengeknepen bilspieren de beweging leiden en u optillen in plaats van de oefening met uw maag te leiden.

Brug maken op een gymbal

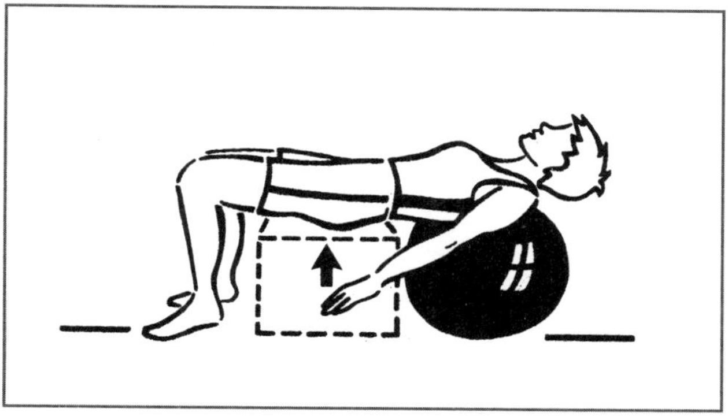

- **Startpositie**

Ga met uw schouders op een gymbal liggen en zet uw voeten op schouderbreedte uit elkaar.

- **Beweging**

Trek uw buik hol en til uw heupen van de grond tot horizontale stand. Houd die stand 3 tot 5 seconden aan en laat uw heupen dan langzaam weer zakken.

- **Belangrijk**

U moet bij deze oefening beslist uw buik aangetrokken houden en voorkomen dat uw rug buitensporig hol trekt.

- **Oefentip**

Wanneer u het moeilijk vindt om in deze positie te gaan liggen, begin dan door uw heupen op een stuk hout of een lage kruk te leggen en ze vanaf daar omhoog te tillen. De gymbal is een instabiel oppervlak en dat maakt dat uw rompspieren harder moeten werken om de eigen rompstabiliteit te handhaven. Tot u aan de oefening bent gewend, kunt u voorkomen dat de bal gaat rollen door hem op een balring te leggen, die bij sportzaken verkrijgbaar is.

Lichaam optillen vanuit zijligging

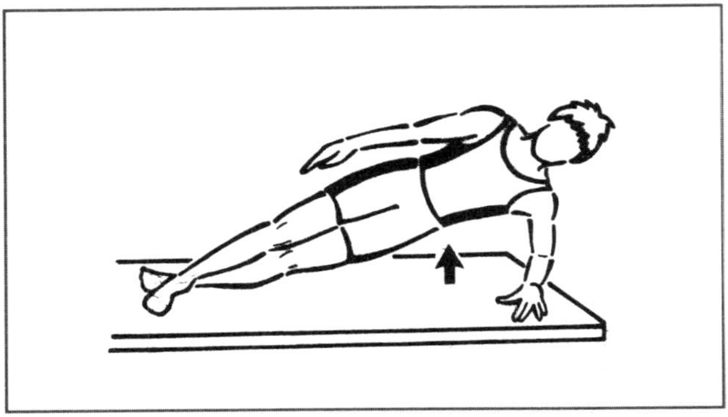

- **Startpositie**

Ga op uw zij op een gymmat liggen. Leg uw bovenste voet voor de onderste voet en houd uw benen recht. Druk uzelf op op de onderarm en trek uw buik hol.

- **Beweging**

Verhef uw lichaam zodat de wervelkolom recht is en u alleen op uw voeten en uw onderarm balanceert.

- **Belangrijk**

De onderste schuine rompspieren werken in deze oefening samen met de diepe-korsetspieren.

- **Oefentip**

Zorg dat u uw schouders breed maakt als u omhoogkomt, zodat u niet voelt dat u ze naar voren samenbalt.

Niveau drie

Bekken optillen (2)

Voordat u deze oefening probeert, dient u de oefening op niveau één vijf- tot tienmaal achter elkaar te kunnen doen.

• Startpositie
Ga op uw rug op de grond liggen. Uw armen moeten langs uw zijden (palmen naar beneden) liggen en een hoek van 45° ten opzichte van uw lichaam maken. Buig uw knieën en heupen tot een hoek van 90°.

• Beweging
Buig de wervelkolom om uw stuitbeen 3 cm van de grond te tillen, waarbij de heupen stilgehouden worden.

• Belangrijk
Deze oefening zet de onderbuik hard aan het werk. Het werk voor deze spieren wordt echter minder als de buigspieren van de heupen snel worden gebruikt om de wervelkolom van de grond te heffen. De heupen moeten passief blijven bij deze beweging, en de kracht van de oefening moet uitsluitend komen van de lagere buikspieren. Houd de knieën boven de borst, niet erop.

• Oefentip
Duw met rechte armen hard op de grond wanneer u de lendenwervels buigt. Til eerst het stuitbeen op en vervolgens de laatste lendenwervel, gevolgd door de een na laatste.

Zijwaartse buiging in zijligging

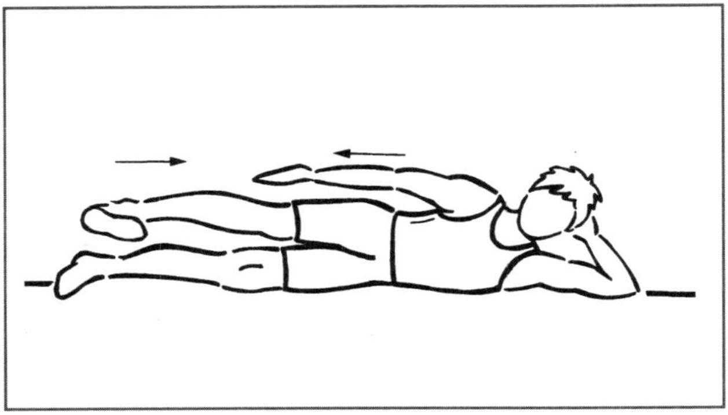

• Startpositie

Ga op uw zij op een mat liggen. Buig uw onderste arm en onderste been een beetje om stabiliteit te krijgen. Laat uw hoofd losjes op uw hand steunen.

• Beweging

Buig opzij zodat uw onderste schouder ongeveer 2 cm van de grond loskomt. Trek tegelijkertijd uw onderbeen met een rukje in, zodat het 2 cm korter wordt.

• Belangrijk

De hele beweging is beperkt, dus romp noch been moet heel ver opgetild worden.

• Oefentip

Beeld u in dat u de huid aan de zijkant van de romp als het ware plooit wanneer u de romp in de ene richting trekt en het been in de andere.

Touwklimmen

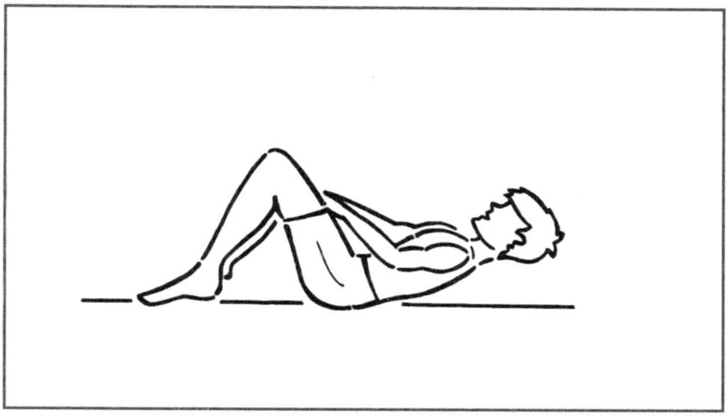

Begin niet aan deze oefening voordat u met gemak tienmaal achter elkaar de crunch en de schuine crunch kunt volbrengen.

• Startpositie

Ga op de grond liggen met uw knieën gebogen, uw armen naast u. Voeten en knieën moeten zo'n 20 tot 30 cm uit elkaar staan.

• Beweging

Voel in gedachten een touw tussen uw knieën en richt uw aandacht op een punt net boven het midden van deze lijn. Reik met uw rechterhand naar dit punt door uw romp te draaien en te buigen. Pauzeer en ga dan gedeeltelijk weer liggen. Reik dan meteen met de andere hand naar hetzelfde punt en herhaal deze beweging steeds weer.

• Belangrijk

De lendenwervels moeten op de grond blijven, alleen de borst en de schouders komen omhoog. Houd de romp gebogen tijdens de beweging zodat u spanning op de buikspieren houdt. Blijf normaal doorademen, houd uw adem *niet* in.

• Oefentip

Als u tijdens deze oefening naar het hoogste punt reikt, pak dan alsof u aan een touw trekt. Als u weer terugzakt, blijf dan met uw arm naar voren reiken om de gebogen stand van de romp vast te houden.

Negatieve of omgekeerde crunch

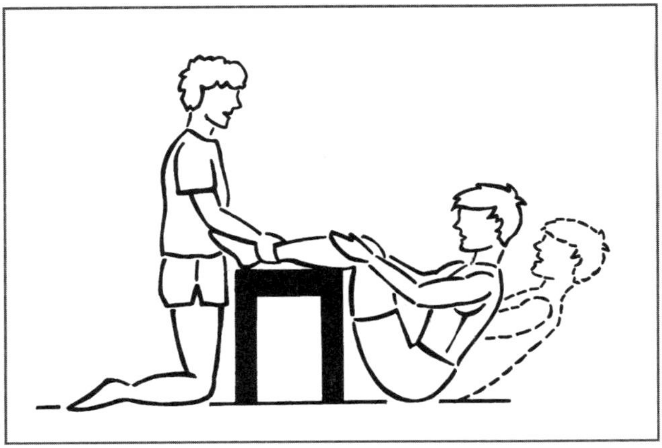

Doe deze oefening niet voordat u met gemak tienmaal achter elkaar de gewone crunch kunt doen.

• Startpositie

Ga op uw rug op een mat liggen. Leg de onderbenen op een lage stoel of kruk zodat de knieën en heupen 90° gebogen zijn. Uw voeten en knieën moeten zo'n 20 tot 30 cm uit elkaar staan. Houd uw voeten vast door ze ergens onder te klemmen of vraag een partner om ze stevig vast te houden.

• Beweging

Reik naar voren en pak uw knieën vast. Trek uzelf op met de kracht van uw armen tot uw borst tegen uw dijen stuit. Buig de romp zodat uw hoofd uw knieën raakt en houd deze houding de hele oefening vast. Laat langzaam en stukje bij beetje uw bovenlichaam terugzakken op de grond in een beweging die in het geheel zo'n 30 seconden duurt.

• Belangrijk

Zorg dat u normaal blijft ademhalen, houd uw adem *niet* in.

• Oefentip

Zorg dat uw stuitbeen de grond als eerste raakt, daarna het smalle deel van uw rug, het middelste deel, de schouderbladen en ten slotte de schouders zelf.

Rollen met gestrekte benen

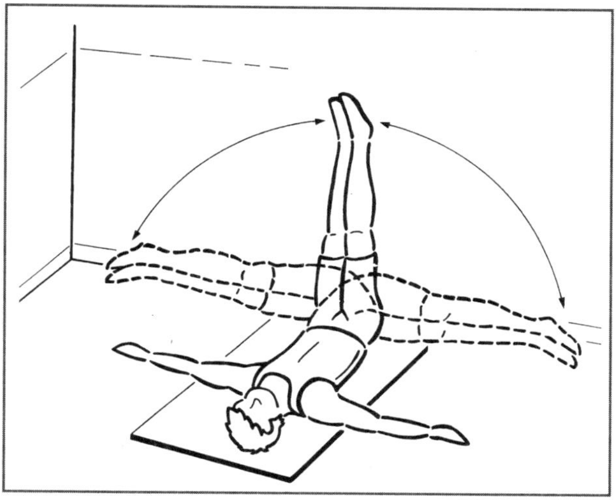

Doe deze oefening pas als u met gemak tienmaal een knierol kunt maken.

• Startpositie

Ga op de grond liggen met gebogen knieën. Strek uw armen opzij in een T-vorm, zodat u stabieler bent. Trek uw knieën op tot uw borst en strek dan uw benen zodat uw heupen, knieën en voeten in één lijn staan.

• Beweging

Laat uw benen, terwijl u ze recht houdt, langzaam opzij naar de grond zakken. Houd uw armen en schouders stevig tegen de grond gedrukt voor de stabiliteit.

• Belangrijk

De heupen blijven op de grond wanneer de romp draait. Zorg dat de beweging beheerst wordt uitgevoerd. Laat de benen *niet* snel naar de grond zakken.

• Oefentip

Leg voordat u met de oefening begint twee kussens op de grond, naast elke heup een. Laat uw benen eerst eens naar de kussens zakken in plaats van naar de grond.

Beide benen vasthouden op de gymbal

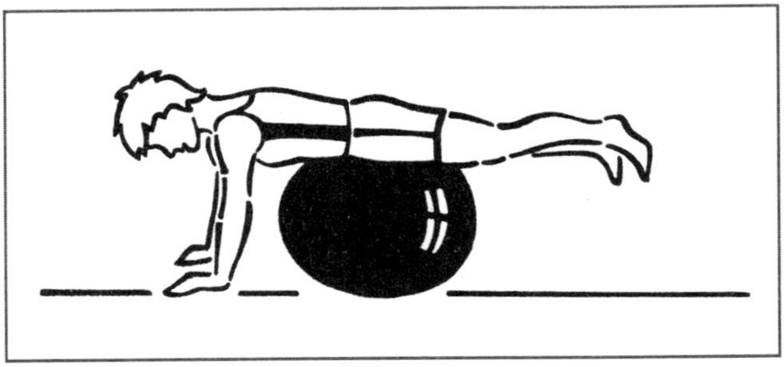

• Startpositie

Begin in de opdrukstand met uw onderbenen op een gymbal. Uw handen staan iets verder dan schouderbreedte uit elkaar. Span uw buikspieren (intrekken) en houd ze tijdens de oefening aangespannen.

• Beweging

Houd uw benen recht en horizontaal en loop op uw handen achteruit naar de bal, zodat de bal omhoog beweegt naar uw taille. Houd deze stand 3 tot 5 seconden vast en loop dan weer op uw handen naar de startpositie.

• Belangrijk

Het doel van deze oefening is om de lichaamslijn vast te houden door buik-, bil- en rugspieren te spannen. Het is beter dat deze spiergroepen samenwerken en dat niet een van de groepen domineert. Daarom is het van essentieel belang dat het lichaam *in één lijn* staat: de benen mogen niet boven de horizontale houding uitkomen en de rug mag niet overmatig hol zijn.

• Oefentip

Loop om te beginnen met de armen naar de bal tot de bal op knieniveau is. Voelt dit goed, loop dan met de armen verder tot de bal onder de heupen zit. Loop dan met de armen verder tot de bal onder de taille rust. Op die manier wordt de intensiteit van de oefening langzaam vergroot (progressie).

Crunch met de Ab-shaper

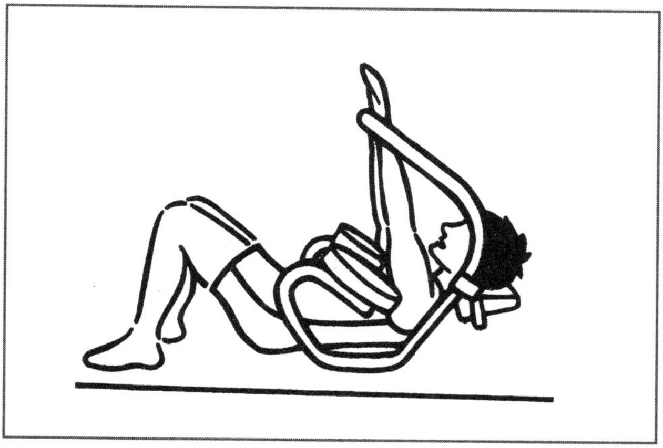

• Startpositie

Ga op een mat liggen met uw knieën gebogen en iets uit elkaar. Leg uw handen op de handvatten van de Ab-shaper en uw hoofd op de hoofdsteun. Trek uw buikspieren aan (hol).

• Beweging

Buig de romp terwijl u uw hoofd zachtjes op de hoofdsteun van het toestel laat rusten. Blijf even omhoog en laat de romp dan rustig weer zakken.

• Belangrijk

Het doel van de Ab-shaper is om de beweging te ondersteunen en een goede lijn vast te houden. Zorg dat u uw hoofd op de hoofdsteun laat rusten en maak alleen gebruik van voldoende druk van de handen op het frame om de beweging soepel te laten verlopen. Merkt u dat u te hard op de hoofdsteun drukt, buig uw nek en het bovenste deel van de rug dan iets en kijk tussen uw knieën door.

• Oefentip

Wanneer u moe wordt, zal uw hand meer op het frame drukken. Als dat gebeurt, zorg dan dat u de beweging langzaam en beheerst volhoudt en voorkom dat u schokkerig te werk gaat.

Omgekeerde crunch met de Ab-shaper

• Startpositie

Ga met gebogen knieën op de grond liggen. Leg uw hoofd op de hoofdsteun van de Ab-shaper en houd de handsteunen vast. Trek uw buik hol en til dan eerst een been omhoog tot verticale stand, vervolgens het andere. Zorg dat u uw knie gebogen houdt wanneer u het been optilt en pas recht maakt als de knie al boven de heup is gekomen.

• Beweging

Houd het bovenlichaam stil en til langzaam uw benen op alsof u probeert het plafond te raken met uw tenen. Houd deze stand 1 tot 2 seconden vast en laat de benen dan langzaam zakken.

• Belangrijk

De beweging is bedoeld om het bekken achterover te kantelen door de rug tegen de grond af te vlakken en dan het stuitbeen op te tillen.

• Oefentip

Deze oefening vraagt heel weinig beweging. Het doel is om uw broekband ongeveer 2 cm boven de grond te tillen.

Trainen in water

De principes van dit programma maken het geschikt voor toepassing in water. Water heeft enorm veel voordelen voor het oefenen van de wervelkolom. De temperatuur van het water werkt verzachtend, waardoor training in water heel nuttig is bij rugpijn. Daarbij ondersteunt water het lichaam, neemt iets van het lichaamsgewicht van de gewrichten en de wervelkolom af en vermindert zo de pijn. De spieren die het lichaam overeind moeten houden, hoeven in het water veel minder hard te werken omdat uw houding door het water wordt ondersteund.

Voor de ouderen onder u, met mogelijk naast rugpijn ook problemen met de bloedsomloop, heeft water nog een ander voordeel. De druk van de bodem van het zwembad naar het oppervlak van het water helpt het bloed daadwerkelijk terug te stromen vanuit de benen naar het hart en vermindert zo de vermoeide benen. En daarbij helpt de drukverandering door de diepte van het water tegen spataderen en gezwollen enkels.

Principes van trainen in water

Opwaartse druk

Opwaartse druk is de mate waarin uw lichaam zal drijven als het in het water is. Uw persoonlijke opwaartse druk wordt bepaald door de samenstelling van uw lichaam. Lichaamsvet zal meer opwaartse druk opleveren en spieren minder. Mollige personen zullen daarom gaan drijven, terwijl mensen die vel over been zijn sneller zullen zinken. Hebt u veel spieren, dan zult u het moeilijk vinden om uw benen te laten zweven en hebt u waarschijnlijk een zwemband nodig om bepaalde beenoefeningen te doen. De diepte van het water zal uw opwaartse druk ook beïnvloeden. Het lichaam gaat drijven als het in dieper water komt. Als het water tot uw middel staat, wordt het lichaamsgewicht verminderd met 50%. Als het water tot uw schouders komt, wordt uw lichaamsgewicht verminderd met 90%, dus schokken uw gewrichten en wervelkolom veel minder in dieper water. Omdat u echter meer drijft in dieper water, kan het moeilijk zijn om een beweging te beheersen, dus wees wel voorzichtig.

AANDACHTSPUNT

Opwaartse druk hangt samen met het volume van het lichaam. Dunne mensen en wat gespierdere personen zullen zinken, terwijl mensen met meer lichaamsvet blijven drijven.

Opwaartse druk kan worden gebruikt om delen van het lichaam te ondersteunen en bewegingen zowel te ondersteunen als tegen te houden. In fig. 46a ligt iemand plat in het water en houdt zich vast aan de leuning rond het zwembad. Om te kunnen drijven heeft hij een rubberband rond zijn middel gelegd en een kleinere band rond zijn benen.

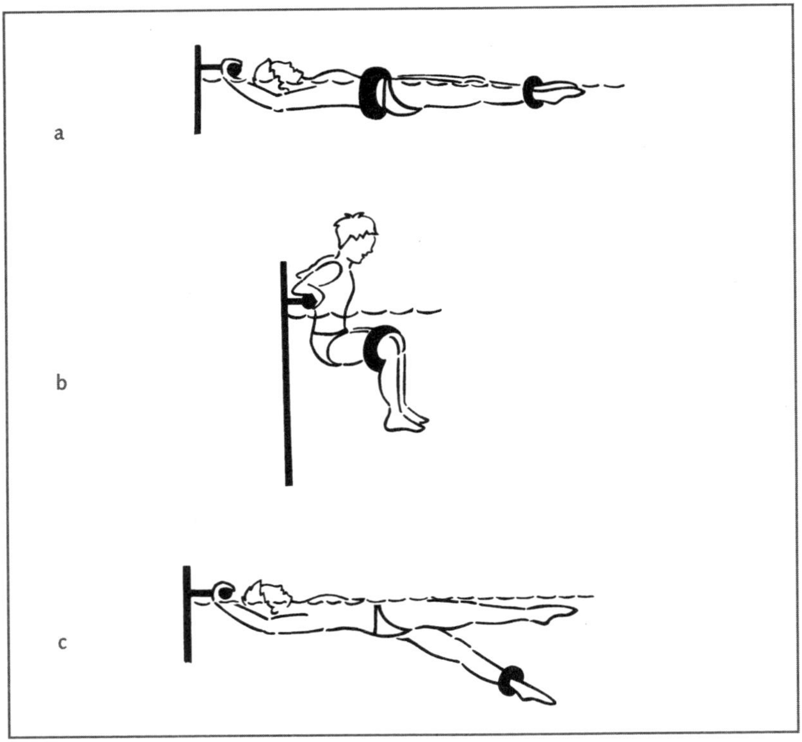

Fig. 46 Opwaartse druk: (a) drijfhulpen, (b) ondersteuning opwaartse druk, (c) weerstand opwaartse druk

De banden kunnen al naar gelang van de opwaartse druk van de persoon meer of minder worden opgeblazen, zodat het lichaam net beneden het wateroppervlak drijft of iets dieper. Deze ondersteuning bij het liggen maakt het mogelijk een aantal oefeningen te doen waarbij het lichaam vrijuit naar diverse kanten beweegt.

In fig. 46b wordt de opwaartse druk gebruikt ter ondersteuning. De persoon tilt een knie op, maar de benen zijn te zwaar om de beweging correct uit te voeren. Er is een band rond de knieën gelegd zodat de benen gedeeltelijk drijven, waardoor ze lichter worden en de opwaartse beweging van de benen ondersteunen. In fig. 46c is het omgekeerde te zien. De oefening is bedoeld om de heup te strekken, waarbij het been naar beneden wordt geduwd. Nu heeft de opwaartse druk van de band de neiging het been omhoog te tillen en werkt als weerstand op de neerwaartse beweging van het been.

AANDACHTSPUNT

Opwaartse druk kan worden gebruikt om een beweging te ondersteunen of tegen te gaan en om een lichaamsdeel tijdens de oefening te ondersteunen.

Weerstand

Door de beweging van een persoon door het water kan ook weerstand ontstaan. Hoe groter de hoeveelheid water die verplaatst moet worden, en hoe sneller de persoon beweegt, hoe groter de weerstand. Door de handen horizontaal (*zie* fig. 47a) te houden en langzaam door het water te bewegen ontstaat een zekere weerstand voor de armspieren die de beweging uitvoeren. Als de hand 90° gedraaid wordt, zodat ze verticaal staat (*zie* fig. 47b), geeft dat aanzienlijk meer weerstand voor de beweging en moeten de armspieren dus harder werken. Door de beweging te versnellen wordt de oefening steeds zwaarder.

Om de spieren nog verder op te drijven, kunnen we apparaten gebruiken om de weerstand te verhogen (*zie* fig. 47c). Een drijfhulp aan beide zijden en handschoenen met zwemvliezen zijn heel effectief om een watertraining te verzwaren.

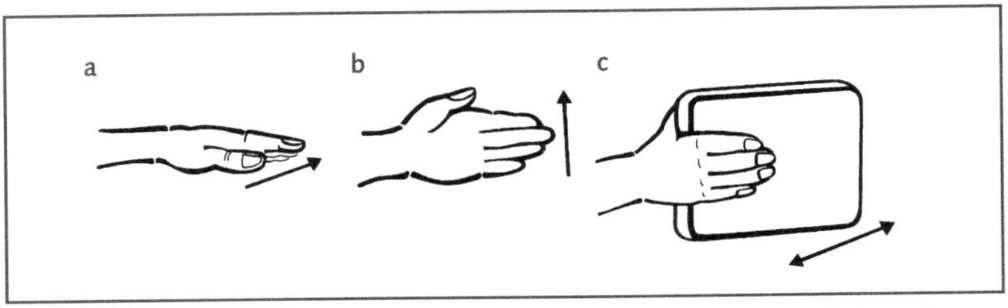

Fig. 47 Gebruikmaken van de weerstand van het water: (a) hand parallel aan het wateroppervlak: weinig weerstand, (b) hand loodrecht op het wateroppervlak: meer weerstand, (c) een drijfplankje op de zijkant: maximale waterweerstand

Omdat snelle bewegingen meer weerstand oproepen, zijn snelle bewegingen van de ledematen goed als we werken aan de stabiliteit van de romp. Door in diep water te gaan staan en een drijfplankje snel voor- en achterwaarts te bewegen, zal de romp bijvoorbeeld meegetrokken worden. Span dan de buikspieren aan om te voorkomen dat het lichaam zich verplaatst: daardoor wordt de stabiliteit van de romp verstevigd.

AANDACHTSPUNT

Minder gestroomlijnde voorwerpen geven meer waterweerstand en kunnen worden gebruikt om de oefening moeilijker te maken.

Veiligheid

Water kan gevaarlijk zijn, maar de gevaren kunnen aanzienlijk worden verminderd door veiligheidsmaatregelen te nemen. Een slechte zwemmer mag nooit oefenen in water dat hoger staat dan zijn middel en hij moet altijd dicht bij de rand van het zwembad blijven. Kleine kinderen moeten voortdurend in de gaten gehouden worden, hoe goed ze ook lijken te kunnen zwemmen.

Als drijfhulpen worden gebruikt, raakt iemand gemakkelijk gedesoriënteerd en dus in paniek. Oefen daarom altijd samen met een part-

ner. Als een van de twee aan het werk is, moet de ander erbij staan om aan te moedigen en te ondersteunen.
Veel ongelukken gebeuren rond het zwembad, dus *loop rustig* op een natte ondergrond en ren niet. Wees ook voorzichtig met het in en uit het water gaan en maak liever gebruik van de trap dan in het water te springen of te duiken, vooral als het ondiep is.

AANDACHTSPUNT

In het water gaat veiligheid voor alles.

Wateroefeningen

Romp opzij buigen

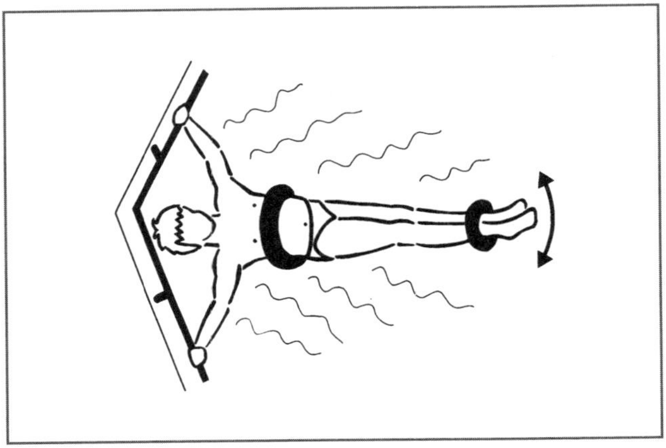

• Startpositie

Ga op uw rug in het water liggen en houd u vast aan de leuning. Zet de handen wijd uit elkaar en houd uw armen recht. Vraag uw partner een band om uw middel te doen en een kleinere (of minder ver opgeblazen) band om uw schenen. De banden moeten zodanig opgeblazen zijn dat uw lichaam net onder het wateroppervlak drijft.

• Beweging

Houd uw benen recht en beweeg ze dan van de ene kant naar de andere kant in het water om uw romp zijwaarts te buigen. Houd de beweging langzaam en beheerst en pauzeer aan het eindpunt van elke zijwaartse beweging.

• Belangrijk

Zorg dat u de vaart van de beweging beheerst. Zorg dat u geen grotere zijwaartse beweging moet maken dan u had bedoeld.

• Oefentip

Begin de oefening langzaam en met korte bewegingen. Bouw het aantal bewegingen en de snelheid los van elkaar langzaam op en voer ze dan tegelijk uit.

Been verkorten en verlengen

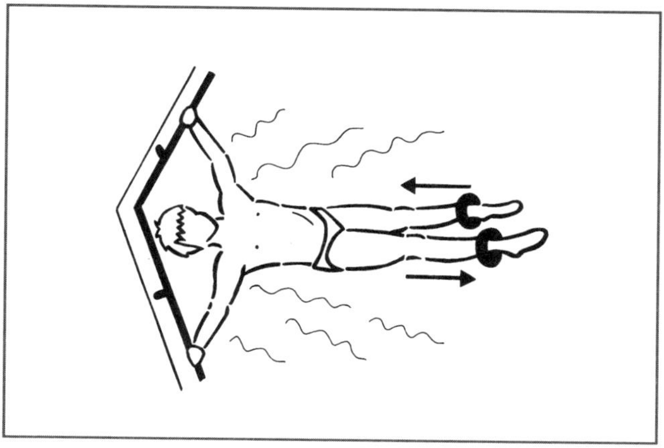

• Startpositie

Net als voor het zijwaarts buigen (*zie* blz. 147). (Er zijn mensen die geen band rond het middel nodig hebben.)

• Beweging

Houd uw lichaam op één lijn en verkort een been terwijl u het andere verlengt, zodat het bekken zijwaarts kantelt.

• Belangrijk

Laat uw wervelkolom niet buigen of strekken, beperk de beweging tot het bekken.

• Oefentip

Wanneer u het moeilijk vindt de beweging te visualiseren, zorg dan dat uw partner een drijfplankje onder uw voeten houdt. Kijk naar elke voet die naar het drijfplankje toe en er weer van weg beweegt.

Benen optillen

- **Startpositie**

Houd u boven het hoofd vast aan de leuning rond het zwembad. Houd uw rug plat tegen de rand van het zwembad.

- **Beweging**

Til uw benen op en laat ze zakken, houd ze daarbij recht en span uw buikspieren aan door uw buik hol te trekken.

- **Belangrijk**

Wanneer u deze beweging moeilijk vindt, leg dan een rubberen ring rond uw benen om de opwaartse beweging te ondersteunen.

- **Oefentip**

Wanneer de beweging heel gemakkelijk lijkt te gaan, voert u ze wat sneller uit om de weerstand te vergroten.

Romp draaien met weerstand

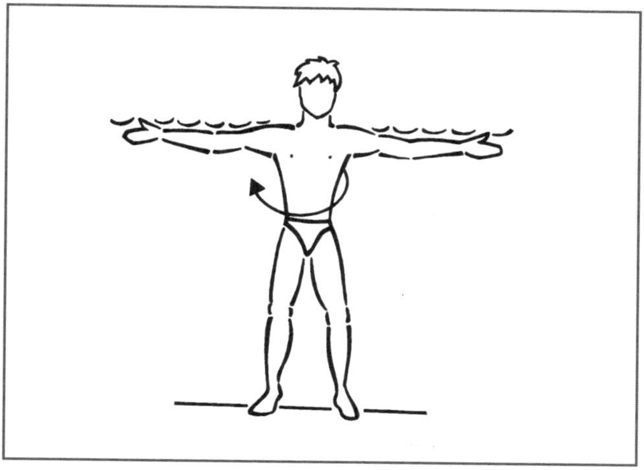

• Startpositie

Begin de oefening staand in water op borsthoogte, binnen het bereik van de rand van het zwembad. Zet uw voeten op schouderbreedte van elkaar en ga rechtop staan. Trek uw buik in. Strek uw armen opzij en houd ze net onder het wateroppervlak. Uw handen moeten in een hoek van 90° plat onder het wateroppervlak liggen met de vingers gesloten.

• Beweging

Draai de romp zonder voor- of achterwaarts te buigen.

• Belangrijk

Draai zo ver mogelijk rond, maar forceer de beweging niet.

• Oefentip

Als u de oefening te makkelijk vindt, neemt u handschoenen met zwemvliezen of houdt u een drijfplankje in elke hand in een hoek van 90° ten opzichte van het wateroppervlak om zo de weerstand te vergroten. Door de beweging te versnellen wordt de oefening moeilijker, maar zorg wel dat u een goede houding vasthoudt.

Knie draaien

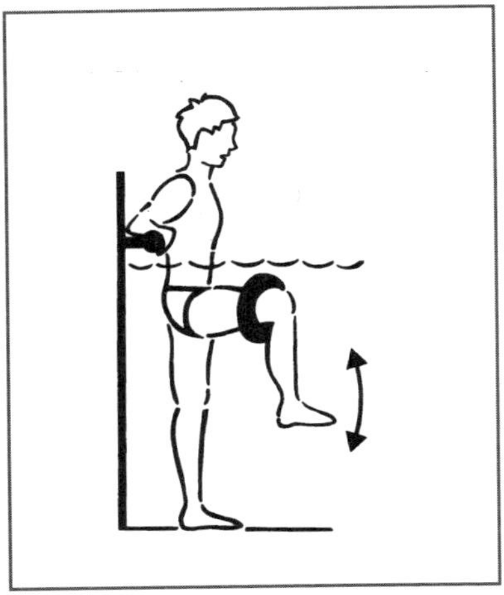

• Startpositie

Begin de oefening met uw rug tegen de wand van het zwembad, waarbij u de leuning vastpakt met uitgestrekte armen. Buig een knie en leg een ring rond de knie van dit been.

• Beweging

Trek uw buikspieren aan en vlak de smalle kant van uw rug af tegen de wand van het zwembad. Houd uw buik ingetrokken en draai de romp door de gebogen knie kruiselings rond het lichaam naar de zijkant van het zwembad te brengen. Herhaal deze oefening vijf keer naar de ene kant, verander dan van been en doe de oefening vijfmaal naar de andere kant.

• Belangrijk

Iedereen is asymmetrisch en het is normaal dat u naar de ene kant verder kunt draaien dan naar de andere kant.

• Oefentip

In plaats van een doorgaande beweging te maken kunt u om te beginnen ook draaien, pauzeren en terugdraaien.

Lichaam draaien

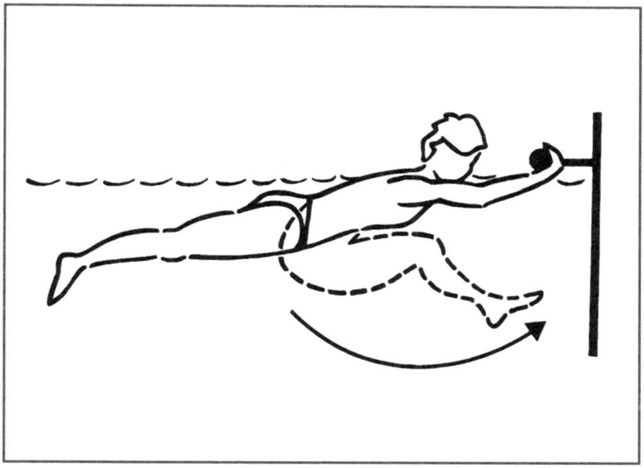

- **Startpositie**

Ga op uw buik liggen en pak de leuning van het zwembad vast.

- **Beweging**

Buig uw benen en romp om uw knieën naar uw borst en uw voeten naar de wand van het zwembad te brengen. Pauzeer even en strek het lichaam dan weer.

- **Belangrijk**

De knieën beginnen de beweging, dan volgen de heupen en ten slotte de wervelkolom. De volgorde wordt omgedraaid als de benen eenmaal gestrekt zijn.

- **Oefentip**

De beweging wordt moeilijker als er een zwembandje rond de voeten wordt gedaan, omdat de opwaartse druk de beweging van de benen onder water weerstand geeft.

Een drijvend krukje gebruiken

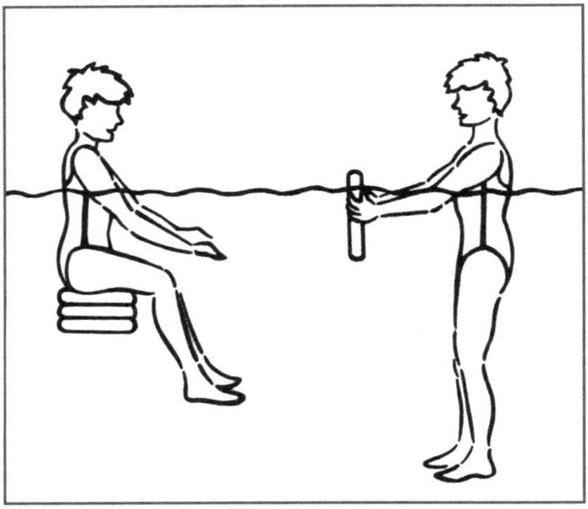

Door een beweegbaar krukje te gebruiken met hetzelfde effect als de gymbal eerder in dit boek, kunnen de buikspieren ook worden gebruikt voor de rompstabiliteit in het water. Hiervoor legt u een aantal platte drijfplankjes op elkaar.

• Startpositie

Ga in ondiep water (iets boven het middel of tot onder de borst) op zoveel drijfplankjes zitten dat uw lichaam in zittende positie is, waarbij het water tot borstniveau komt.

• Beweging

Trek uw buikspieren (buik hol) aan en ga rechtop zitten. Laat uw partner voor u staan met de voeten uit elkaar. Uw partner houdt een drijfplankje verticaal vast en duwt het water naar u toe met het drijfplankje, terwijl u probeert rechtop te blijven zitten. U zult uw buikspieren flink moeten aanspannen om te kunnen blijven zitten.

• Belangrijk

Als u het moeilijk vindt om in evenwicht te blijven wanneer u op het krukje zit, ga dan naar minder diep water zodat uw voeten op de grond kunnen rusten. Gebruik ook minder drijfplankjes om uw borst toch onder het water te houden.

• Oefentip

Kunt u eenmaal uw evenwicht bewaren, dan moet uw partner de watersnelheid veranderen door het krachtiger, sneller of langzamer in uw richting te duwen, maar ook vanuit verschillende richtingen. Het gaat erom de hoeveelheid spiersamentrekkingen die nodig is te variëren om de veranderende waterkracht die tegen u drukt, op te vangen.

Een aquatube gebruiken

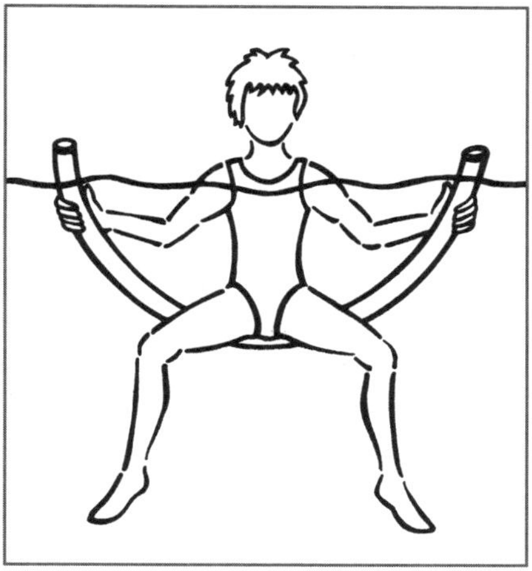

Door een kleinere zitplaats te gebruiken wordt de vorige oefening moeilijker. Een kleinere zitplaats verkrijgt u met een aquatube.

• Startpositie

Met dit apparaat zit u op een buis en houdt u de twee uiteinden vast op dezelfde manier als waarop een kind op een schommel zit.

• Beweging

Met de aquatube kan een aantal bewegingen worden gedaan, waaronder het kantelen van het bekken, het optillen van een of twee benen of het draaien van de romp. Door de aquatube voor het lichaam te leggen en hem vast te houden, vormt hij een evenwichtspunt en voldoende drijfkracht om te scharen met de heupen of de algemene bewegingen met de romp uit te voeren.

• Belangrijk

Aquatubes zijn in verschillende maten en dikten verkrijgbaar. Neem er een die bij uw lichaamslengte en uw gewicht past. Te weinig opwaartse druk zorgt ervoor dat u te diep in het water zakt, te veel druk zorgt ervoor dat u te hoog zit, waardoor u niet de vereiste steun van het water krijgt.

• Oefentip

Met zowel het krukje van drijfplankjes als de aquatube moeten de buikspieren hard werken. Het is echter belangrijk dat deze bewegingen daarbij voldoende variatie in spierarbeid opleveren (moeilijker of makkelijker) en ervoor zorgen dat u snel kunt overschakelen van de ene beweging naar de andere en zo de spierarbeid snel kunt wijzigen. Deze snelle verandering stimuleert de reactietijd van de spier, zorgt ervoor dat ze sneller samentrekt en ontspant en het is een belangrijk onderdeel van de buikspiertraining voor rompstabiliteit.

Register

De cursieve bladzijdeverwijzingen verwijzen naar figuren, de vette naar oefeningen.